空の上で本当にあった心温まる物語

三枝 理枝子

ANA元CA／ANAラーニング講師

あさ出版

はじめに　～ハートウォーミング～

およそ39000フィートの上空では、様々なドラマが繰り広げられています。
お客様はそれぞれのストーリーを背負って、飛行機にお乗りになります。
楽しいこと、うれしいこと、悲しいこと、時には悔しいこともあるでしょう。
お客様一人ひとりの背景を読むことは簡単ではありませんが、
少しでも、お客様の心に寄り添うことができれば……、
そう願って、空の旅をご一緒させていただいています。

機内は、空の上にある特別な舞台です。
ゆっくりお休みいただくホテルにもなれば、
おいしい食べ物、飲み物を堪能していただくレストランやバー、
免税品などの買い物をするデパート、

最新の映画を楽しむ映画館、
眺めが抜群の観光スポット、
資料を作成する仕事場、
読書や音楽でリラックスする趣味の場、
そして、静かに自分と向き合うことができる空間でもあります。

空の上という舞台で繰り広げられる、数々のシーン。
そこには、キラキラやワクワク、ドキドキがいっぱいです。
別世界であるこの舞台に立つと、
不思議なことに、感性が豊かになり、心がキラキラ輝き出します。
当たり前のことが想像以上の感動につながり、
ほんの些細なことがワクワクする感激に変わるのです。
ドキドキすることで生まれる奇跡もあります。
それが、空の上でかけることができる魔法だと、私は思っています。

そのためであれば、サンタさんにも魔法使いでも、キューピットにだってなります。

本書では、ANAが大切にしている「あんしん」「あったか」「あかるく元気」のうち、「あったか」に焦点を当てて、大切なお客様との触れ合い、ANA魂をもった仲間たちとの交流、お客様からのお手紙など、本当にあったハートフルなエピソードをご紹介したいと思います。

エピソードを通して、飛行機に乗ること、そして空港に行くことが楽しくなり、人と人とが織りなす絆を感じていただけたら最高です。

飛行機は、今日もまた、様々な想いを乗せて飛び続けます。

二〇一〇年秋

三枝　理枝子

Story 1

羽田↓福岡便

カーテン越しのバースデー

娘と妻と三人で福岡に帰る日。

お医者様の判断により、往路便と同様、普通に座席に座るのではなく、ストレッチャー旅客として、ベッドに寝たまま搭乗することになりました（ストレッチャーとは、機内の座席上に取り付ける簡易ベッドです。ご病気やけがなどで、航空機の座席にお座りいただけないお客様のために用意されています）。ベージュ色のカーテンで仕切られているので、一般のお客様はいつもと違うとは思っても、そこにベッドがあって、病人が寝たまま飛行機に乗っているなど想像もつかないはずです。

小学校四年生の娘は心臓病を患っており、今回、東京で手術をしていただいたのですが、経過は順調とはいかず、この日は完治しないまま福岡に戻ることになりました。

治っていないことは、本人がいちばんわかっていました。長い間、抱《いだ》いていた、思いっきり走るという夢が、またまた遠くなってしまったことも――。

私たちは、ベッドの装着等、準備に時間を要するため、最初に搭乗させてもらいました。

二回めとはいえ、まだまだ慣れない娘は、不安と緊張から顔がこわばっています。私もそうでした。

そんな私たちを、たくさんのCAさん（キャビンアテンダント・客室乗務員）が「こんにちは」「ご搭乗ありがとうございます」「大丈夫ですよ」と、温かく迎えてくださり、安心して搭乗することができました。

娘はすぐに客室後方に運ばれ、担架からストレッチャーに移されました。胸元にいくつものベルトが装着されていきます。

妻と私は、通路を挟んで隣に座りました。

すぐに私どもを担当してくださるCAさんが、ご挨拶にいらっしゃり、「本日担当させていただきます○○です。どうぞよろしくお願いいたします。何でもお気軽にお声をおかけくださいね。おつらくないですか？」

など、やさしく笑顔で話しかけてくれました。

さらに、ご自分の小学校時代の笑い話などをしてくださり、娘の緊張を取り除いてくれました。

長時間の移動で疲れたのでしょう。ほかのお客様たちの搭乗が終わり、飛行機が動き出す頃には、娘はスウスウと寝息をたてて眠っていました。

上空で、飲み物のサービスが終わった頃、先程のCAさんが、声をかけてくださいました。

彼女といろいろお話ししているうちに、手術のことや、娘が飛行機に乗るのを楽しみにしていたこと、実は今日が娘の10歳の誕生日であることなども思わず口にしていました。

しばらくして、娘が目を覚ましました。

すると、担当のCAさんと一緒に二人のCAさんがいらして、「ハッピバースデートゥーユー」と小声で歌い始めてくれたのです。

それだけではありません。「おめでとうございます」と、手作りのキャンディバスケットとクルー（乗務員）の方々が書いてくださった励ましのメッセージ入りの絵葉書を持ってきてくださいました。

娘は突然の出来事にびっくりしながらも、うれしそうに微笑んでいます。

久しぶりに見た娘の笑顔でした。

ＣＡさんたちがバースデーソングの1番を歌い終わった、と思ったら、また、「ハッピバースデートゥーユー」が始まりました。それもカーテンの外で――。

「え……、どうしたの？」

私たち家族、そしてＣＡさんまでもが驚き、顔を見合わせました。

カーテンを少し開けてみると、さらに驚きました。近くにお座りの女性のお客様方が歌ってくれていたのです、娘のために。

さっき話していたのが聞こえていたのでしょう。

大合唱でありませんでしたが、その歌声は客室に響き渡りました。

気づくと男性の声も混じっていました。多くの人の歌声がカーテン越しに聞こえてきます。

とても穏やかな幸せな気持ちになりました。

手術や入院生活の疲れも忘れてしまえるような、素敵な歌声でした。

娘の誕生日をこんなにも多くの方にお祝いしていただくなんて……。大変ありがたいと思う気持ちと、娘を不憫《ふびん》に思う気持ちで胸がいっぱいになり、涙があふれ出てしまいました。

娘の目にも涙があふれていました。

「よかったな。こんなに多くの人にお祝いしてもらって、幸せだね」

と娘に言葉をかけると、

「うん。こんなにたくさんの人にお祝いしてもらったのは初めて」

とうれしそうに答えました。

カーテンに仕切られ、ベッドに寝ている娘の姿は見えないのに歌ってくださった皆様のご好意に、心から「ありがとうございます」と、頭を下げ続けました。

人って温かいな。世の中捨てたものではないな。

皆様に大きな勇気と温かさをいただきました。

カーテン越しに聞こえてくる皆さんの歌声に気づき、「私に？」と尋ねた娘の顔は今でも忘れられません。

これからも前途多難ですが、家族三人、力を合わせて生きていきます。

＊＊＊

いったい、誰が歌い始めたのでしょうか。

その人が歌い始めたことで、まったく知らないはずの人々が一緒に歌いお祝いしてくれました。

何か自分にできることはないだろうか。

役に立てないだろうか。

どうしたら喜んでもらえるだろうか。

そんなことを考えて、動くことができるなんてスゴイと思います。

心を寄せ合う。

人を想う。

何かしたいと素直に思え、行動できる。
その一歩は誰にでも踏み出せるのだと教えてもらいました。
人のやさしさが心に染みたフライトでした。

誰かが咲かせてくれる花を待つのではなく、一緒にやさしさの種を植えませんか。

Story 2

おばあちゃんの子守唄

松山→羽田便

満席の松山便に乗務した時の出来事です。

ベルト着用のサインが消えて、飲み物サービスを開始した時のこと、眠たくなったのか、赤ちゃんが、突然、大きな声で泣き始めました。

松山便はビジネスパーソンの方が多く乗られます。この日も、夕方の便ということもあって、仕事を終えて缶ビールを片手にほっと一息ついているお客様や、完全に眠りについているお客様など、機内はすっかりおくつろぎモード。その雰囲気が赤ちゃんの泣き声で一変したのです。

最初は座席であやしていた、まだお若いであろうお母様もさすがにいたたまれなくなったのでしょう、少しでもほかの方々から泣き声を遠ざけようと、客室後方の空きスペースに移動され、子守唄を歌ったり、あやしたり、それはそれは懸命に汗を流しながら赤ちゃんをなだめようとなさっていました。

「お騒がせしております」

「赤ちゃんが眠いようですね」

と、言葉をかけながら飲み物サービスを終了させた後、私も駆けつけました。

ところが、子守唄を歌っても、「いないいないばあ」をしても、泣きやみません。

少し風邪気味とのことだったので、

「気圧の関係で耳が痛くて泣いているのかもしれません。ぬるめのミルクをお持ちいたしましょうか」

などと提案して飲ませようとしたのですが、いっさい受け付けてくれません。

「いったい何をやっているんだ。静かにさせろ。うるさい」

と、声に出して言う人はいませんでしたが、いい加減にしてほしいという険悪なムードがキャビン（機内）全体に漂っていました。

「ご迷惑をおかけいたします。申し訳ございません」

と私たち客室乗務員もお詫びを申しあげながら、なんとかできないものかしらと困り果てていました。


その時です。

60代のご婦人が化粧室に立たれたのか、近寄っていらっしゃいました。

そして「ちょっと抱っこさせてね」と言うと、慣れた手つきで受け取り、赤ちゃんの頬を自分の胸にぎゅっと押しつけ、子守唄を歌い始めたのです。

「ねーんねーんころーりーよー、おこーろーりーよー」

2、3分経ったでしょうか。

赤ちゃんはまだ泣き続けていましたが、周りの方の表情が変わってきました。

「うるさいな」とにらむような目で何度も振り返ってこちらを見ていた方も、イライラして貧乏ゆすりをしていた方も、低い声で歌うおばあちゃんの子守唄に聞き入っているようです。

険悪なムードが漂っていた客室が和やかな雰囲気に包まれ、私もいつしか童心に返っていました。きっと多くのお客様がそうだったのではないか、と思います。

ふと気がつくと、赤ちゃんはすやすや眠っていました。

お母様と私は安堵し、顔を見合わせ、笑みを浮かべました。

そんな私たちに、ご婦人は、

「いいかい。こうやって自分の心臓の音を赤ちゃんに聞かせるの。胎児だった時に聞いた音だから赤ちゃんが安心するのよ。抱いている人の心が赤ちゃんに伝わるの。だからね、こういう時は、まずゆったり自分の心を落ち着かせることが大切なのよ」

そう言って、お席に戻って行かれました。その小さな背中は、凛《りん》としていて、頼りがいがあり、やさしさが満ちあふれていました。

「ありがとうございます」

私は何度も心の中でお礼を言いました。

＊＊＊

誰かが困っている、そんな時は、自分にも何か手助けできることがあるはずだ、そう考えてみませんか。

直接、手を出さなくても、間接的なことでもいいのです。

このおばあちゃんのように子守唄を歌うことはできなくても、迷惑そうな顔をしないとか、舌打ちをしないとか。

そうすることで、機内の雰囲気が悪くなることもありませんし、お母さんも追い詰められることなく、赤ちゃんに向き合うことができます。

些細なことであっても、何かしたい、そう思って実行できたら素敵です。


赤ちゃんだけでなく、大人まで心安らかにしてしまったおばあちゃん。

あの方が助けてくださらなければ、その日のフライトは皆さんにくつろいでいただけるような気持ちのよい時間にならなかったかもしれません。

あの方が躊躇《ちゅうちょ》せず、恥ずかしがらず出てきてくださったことで、とても温かいフライトになりました。

おばあちゃんの偉大さ、教えていただいたこと、今もしっかり覚えています。

人生の先輩たちが培ってきた知恵には、生きる上でのヒントが詰まっているのです。

Story 3

日焼けしたあなたに

那覇↓羽田便

客席の見回りをしていると、「すみません」と呼び止められました。

振り向くと、真っ赤に日焼けした顔が目に飛び込んできました。

沖縄での修学旅行を終え、東京に戻る高校生の男の子でした。

「すみません。絵葉書はありますか」

「はい。すぐにお持ちしますね。種類の違うもの2枚でよろしいですか」

と、小声でお応えしました。

なぜ小声かというと、修学旅行生のような団体では、一人が頼むと、私も、僕もと収拾がつかなくなるからです。全員分あれば、もちろん記念にお持ち帰りいただきたいのですが、そこまでは用意されていません。したがって、絵葉書パニックにならないよう、周りの方に聞こえないようにとお伝えしたのです。

なんとなくその男の子もわかったようで、こっそりとギャレイ（機内食や飲み物を準備するための簡易調理室）に取りに来てくれました。

「ありがとうございます」と礼儀正しく、頭をペコッと下げる彼に、

「こちらこそ、取りに来てくれてありがとう」と2枚セットの絵葉書をお渡ししました。

すると彼は、遠慮がちにギャレイを見渡して、

「すみません。あのー、キャンディはありますか？　少しもらってもいいでしょうか」

と先程よりも恐縮した様子で聞いてきました。

キャンディであればたっぷり用意がありますので、

「皆さんにもお持ちしますね」と、二つのバスケットにキャンディを入れて、「どうぞ」とお勧めしました。すると、ますます申し訳なさそうに、「あのー、紙コップをもらっていいですか」と言います。

「どうぞ。いいですよ。たくさん持っていってね」と言って、キャンディを勧めると、うれしそうにコップにいっぱい詰めていきました。

甘い物が好きなのかしらと、微笑ましく見ていると、席に戻った彼は一つも舐《な》めずに、自分のバッグにそのまましまっています。

「お土産にするのかしら」

いがぐり頭にくりくりとした大きな目、日焼けした真っ赤な顔はよく見ると、とてもやさしそうです。

キャンディサービスを終えたあと、近くに行って「お土産にするの？」と聞くと、

「は、はい」と大きな返事。

「ご兄弟に？」と聞くと下を向いたまま、「違います」とのこと。なんだか寂しげです。

「そう？」あまり深入りしてもいけないかと思って、戻ろうとするとぼそっと声が聞こえました。

「家の事情で修学旅行に来られなかった友達がいて――。その子へのお土産なんです」

「そうなの。やさしいのね」と言うと、照れくさそうに、

「いえいえ、本当は沖縄にいる間にお土産を買うつもりだったんですけど、お金がなくなっちゃったんです」

と頭をかきながら答えてくれました。

せめて機内のものでも、と頭を働かせたのでしょう。

彼のお友達への気持ちが感じられ、心が温かくなった私は、

「ちょっと待ってね」と言ってギャレイに戻りました。

機内にはビニールの風船、ストラップや、ミニプラモデルなど、幼児用のおもちゃ

を搭載しています。それもお土産になるのでは、と思ったのです。

「お子様用だけど、よかったらお友達のお土産に持って帰ってくださいね」

と言って、さりげなく二人分お渡ししました。

これからも熱い友情が続くことを願って、「お留守番をしている友達の分とやさしいあなたの分です」とメモも添えました。

彼は驚き、恐縮しながら「ありがとうございます」と何度も何度も繰り返した後、大事そうにおもちゃをバッグにしまっていました。


羽田に着陸した瞬間、「やったぁー」という歓声と共に拍手が鳴り響きました。

修学旅行の生徒さんたちが乗るフライトでは、必ずと言っていいほどあるこの光景は、何度も見ても、熱いものが胸にこみ上げてきます。

安堵感と感謝の気持ちが入り混じり、キラキラ輝いている子どもたちの顔を見られること、そして胸に刻まれるであろう大事な想い出のお手伝いができることが、とてもうれしいのです。

男の子の言葉、行動には、修学旅行に行けなかったお友達を思いやる心、やさしさがあふれていました。

きっと旅行中、何度も「一緒に行けたらよかったのに」「今頃どうしているのかな」など と、お友達のことを考えていたのでしょう。

人の気持ちを考えられるのはすばらしいことです。他人のために何かをしてあげることのできる人は素敵です。

人はついつい自分さえよければいいと思いがちですが、仲間とお互い助け合ったり、応援し合ったりすることで、大きな力が湧いてきます。

物のお土産はなくなってしまっても、思い出はいつまでも最高の宝物として残ることでしょう。

＊＊＊

Story 4

成田→香港便

二つの帽子

団体のお客様の中に60歳を過ぎていると思われる白髪の男性の方が目に留まりました。グレーのベレー帽がお似合いの物静かな方で、胸のバッジから団体のお客様とわかりましたが、同じ会の皆様とは、雰囲気が少し違っていました。どことなく寂しげで、これから旅行するというのにウキウキした感じがありません。

ふと見ると、手にもう一つ帽子を握っています。

お連れ様はいらっしゃらないようですし、なんとなく不自然な感じがしたので、ゆっくりおくつろぎいただくためにも、

「そちらのお帽子、よろしければ物入れにお入れいたしましょうか？」と声をかけました。すると、少しびっくりなさったようでしたが、

「結構です」とのお返事。よく拝見すると、その帽子は女性物のようです。

「お連れ様がいらっしゃるのですか？　よろしければ隣のお席が空いておりますので、お声をかけてまいりましょうか」ともお伝えすると、

「いいんです」と、今度は少し不機嫌な表情に。

「大変失礼いたしました。どうぞ、ごゆっくりおくつろぎください」

余計なことを言ってしまったと反省し、その場を失礼させていただきました。

お食事前にお飲み物をサービスする際、その方のもとに伺いました。

同じ会の他のお客様同士は会話がはずみ、とても楽しそうに盛り上がっているのですが、やはりなんとなくつまらなそう、というより、なんとも悲しそうな顔をされています。

お出かけ前にご家族と喧嘩でもしたのかしら……、様々なことを想像しつつご注文を伺うと、「白ワインをください」とのこと。

「はい。かしこまりました。白ワインでございます」とおつまみとワイン、プラスチックカップをお渡しすると、

「ありがとう。コップをもう一つください」とおっしゃいます。

「はい。かしこまりました。コップでございますね」と、もう一つお渡しすると、

「ありがとう」

初めて私の目を見て答えてくださいました。

ウイスキーを飲む時のチェイサーみたいにお水でもお入れになるのかしらと思い、「お水はよろしいでしょうか」とひと言添えました。

「いえ、結構。ありがとう」そう言ってワインをそれぞれに注がれ、両手で二つのカップを合わせて乾杯をなさったのです。

もしかしたら、と思いました。見当違いかもしれませんが、

「お隣の席が空いておりますので、どうぞお使いくださいませ。失礼いたします」

とその方の隣の席のテーブルを出し、その上にもおつまみを一つ載せ「ごゆっくり」とお伝えして、その場を去りました。

飲み物サービスが一段落した頃、その方のところに伺いました。

「ご旅行お楽しみですね。香港は初めてでいらっしゃいますか」と声をかけると、

「ええ。いや、実はね……」

と食前酒のワインが少し効いたのか、少しお顔を赤くされながら、ポツリポツリと話してくださいました。

「旅行好きな妻と二人で行こうって約束していたんですよ、香港。これで妻の三回忌に合わせてね、申し込んだんです……。これはね、妻がいつも旅行の時にかぶっていた帽子なんですよ」

形見の品を持って旅行する方がいらっしゃるとは聞いてはいましたが、実際にお目にかかったのは初めてでした。なんだか目頭がジーンと熱くなりました。

「奥様は、どんなお飲み物がお好きだったのですか」とお尋ねすると、

「そうだね。りんごジュースかな」と教えてくださいました。

「りんごジュースでございますね」

お隣のテーブルにりんごジュースをお持ちして、

「どうぞ、香港までの空の旅、お二人でお楽しみください」とお伝えしました。

その方は膝に載せていたお帽子を隣の座席に置いて、軽く私にウインクしてくださいました。

数か月後、その方からお礼状が届きました。

「客室乗務員さんの気遣いで、楽しい旅行になりました。

お忙しいのに声をかけてくださりありがとう。やはり話せる相手がいるっていいですね。

まだ話しかけられることがつらい時もあるけれど、あなたの思いやりの気持ちが伝わってきて、なんだか少し吹っ切れた感じがしています。少し強くなった気も。

今回一緒に旅をした仲間ともあれから仲良くなりました。

七回忌の時も、御社の飛行機で旅行に出かけようと心に決めています。

またお会いできますことを楽しみにしています。」

＊＊＊

人の命は、はかないものかもしれません。

ですが、人が年老い、衰え、病気になって、亡くなっても、目の前からいなくなるのは肉体だけ。肉体はなくなっても、心は一緒に寄り添い続けることができるのです。

先に亡くなった方は、残された人たちが心穏やかに生きていくことを望んでいます。

あのお客様がフライトを楽しむことができたのは、天国に近い、空の上の出来事だったから。奥様が力を貸してくれたのかもしれません。

そんな不思議な力を感じるのは私だけでしょうか。


お客様をさりげなく観察していると、その方にとって最高のパーソナルサービスをするためのヒントがあることに気づきます。

お客様は必ず信号を送ってくださっています。

お客様の背景を読むことは、決して簡単なことではありませんが、表情の変化、振る舞い、視線、話し方などから、声には出さない、心の声を読み取ることができるようになるものです。

相手の心に寄り添い、思いやりをもって、想像力を働かせる。

それこそが、お客様の感動につながるのです。

Story 5

もう一つのプレゼント

羽田→長崎便

ＡＮＡには、お子様だけのご旅行を、出発空港から到着空港までお手伝いする「ＡＮＡキッズ　らくのりサービス」があります。

お母様など保護者の方に、出発地の空港まで見送りに来ていただき、お預かりして飛行機にご案内し、到着地の空港に迎えに来られた保護者の方にお引き合わせするというサービスです。

夏休みの国内線ともなると、祖父母宅や親戚宅に向かうため、多くのＡＮＡキッズが搭乗します。

ある日のことです。

いつものようにＡＮＡキッズのバッジを胸に付けたかわいい子どもたちが、勇ましく乗り込んできました。

お休みのたびにこのサービスを利用しているなどで、乗り慣れている子もいれば、初めての一人旅で、心細そうな、今にも泣き出しそうな顔をしている子もいます。

どの子も親ごさんと離れているため、やはり少し緊張ぎみなので、

「はい。皆さん。こちらを見てください。座席ベルトはこのように締めてください。外す時は、このようにしてくださいね」

と、一通り説明してから、一人ひとり確認に回り、離陸準備をしていきます。

いよいよ出発となると、ワクワクして目を輝かせ始めます。あちこちで、興奮した声やおしゃべりする声も聞こえてきます。

そんな中、なんとなく話しかけにくいオーラを醸《かも》し出している男の子がいました。

周りの子も空気を感じてか、話しかけていないようです。

「緊張してる？　大丈夫？　さあ、間もなく離陸よ。空の旅を楽しんでね」

と彼の肩をやさしくポンとたたきました。

彼ははっとして、私を見、かぼそい声で「はい」と返事をしました。

初めて彼の声を聞いたような気がしました。

その日はとてもいいお天気で、窓の外には美しい雲海《うんかい》が広がっていました。

地上では表情のかたかった子も、「おー」「スゴイ」「きれい」などと歓声を上げています。しかし、先ほどの男の子だけは窓の外を見ることもなく、乗り込んだ時と同じ、暗い表情のままでした。

「なんか事情があるのかしら」とさりげなく観察していると、その子の左手が何かを握っていることに気づきました。

目を凝らして見たところ、どうやらチェーンのようです。

「ペンダントか何かのチェーンかしら？」

近くに行くと、小さな指の隙間からペンダントらしき物であることがわかりました。

「ペンダント持っているの？　素敵ね。誰のお写真が入っているの？」

そう尋ねたのですが、さらに握りこぶしは固く強く握られてしまいました。よほど大事な物なのでしょう。

「ごめんなさい。お姉さん、変なこと聞いちゃったかな。気にしないでね、そうそう間もなく富士山が見えますよ」

と声をかけました。そして、ＡＮＡキッズのみんなに向かって、

「ほーら、間もなく富士山よ。山のてっぺんに雪が少しかかって、とってもきれいで

しょう。みんな、見える？」

とお話ししながら、通路側に座っていたあの男の子をドアの窓まで案内しました。

「ほらね、きれいでしょ。こんな富士山、なかなか見られないのよ。みんながいつもいい子だから、神様からのプレゼントね。お姉さんもみんなのおかげでラッキー」

とオーバーアクションをしながら、

「富士山は日本でいちばん高くて、大きな山です。こんなにきれいに見えたみんなは、富士山みたいに心の大きな人になれるからね」と付け加えました。

「はーい」

「うん」

そんな返事が聞こえてくる中、先ほどの男の子が小さな声で話しかけてきました。

「ねえねえ、お姉さん、神様からのプレゼントって一個だけなのかな。僕、もう一つだけでいいから神様のプレゼントが欲しいんだけど……」

「え？　何？　何が欲しいの？」

話しかけてくれたことがうれしくて、私はすぐに聞き返しました。すると彼は、

「あ、やっぱりなんでもないや」

と言って下を向き、また口を閉ざしてしまいました。

その後もいろいろなお話をしてみたのですが、彼は、かすかに笑うことはあっても、心は閉ざしたまま。結局、神様から何が欲しいのか、口にすることはなく、聞くことができませんでした。


数日後、男の子のおばあさまから一通のお手紙が届きました。

「先日は孫が大変お世話になりました。

元気のない孫にいろいろと話しかけてくださったとのこと、ありがとうございます。

実は、あの子は先日、両親を交通事故で二人とも亡くしてしまったのです。

兄弟も誰もいない孫は、私のところで暮らすべく、初めて飛行機に乗ったのでした。

私が空港で迎えた時『大丈夫だったかい？』と聞くと、

『とってもきれいな富士山を見たよ。神様のプレゼントなんだって』とか、

『お姉さんがいっぱい話してくれたので、寂しかったけど涙が出なかったよ』って、

うれしそうに言っていました。

寂しくてたまらないはずの孫に楽しい思い出と元気をくださり、本当にありがとうございました」


涙がこみ上げてきました。

そして、ただ元気にさせようと、張り切っていた自分が情けなくなりました。

ペンダントの中身は、きっとニコニコ顔のご両親だったのでしょう。自分も写っている家族写真だったかもしれません。

あなたが言っていたもう一つの神様のプレゼントが何だったのか、今はわかります。

ごめんね。あなたの気持ちをわかってあげられなくて。一人であんなに小さい胸で悲しみ、苦しみを背負っていたのに、泣かないでえらかったね。

あなたならきっとこれからたくましく生きていけます。

神様は必ず、もう一つプレゼントをくださるはずだから。

＊＊＊

たった数時間とはいえ、空の上では、心も体もおくつろぎいただきたい、機内では安心して、背負っている重い荷物をちょっと脇に置いてほしい、そう心から願っています。

飛行機を降りる時は、またその荷物を背負っていかなければならないでしょう。

その時、少しでも軽くなっていたら、体や心が少しでも楽になっていたなら、とてもうれしいことです。

「よし。また頑張ろう」

と、機内で元気を充電していただけたら、これに勝る歓びはありません。

人の心を潤すことができるのは人の心や自然の力です。

空という特別な空間だからこそ、できることがあると信じています。

雄大な、どこまでも果てしない大きな空に、私たちは人間は守られているのですから。

Story 6

羽田→秋田便

小さなジェントルマン

おばあさんと学生服を着たお孫さんと思われる男の子の二人連れが搭乗なさいました。

機内に乗り込む時も、通路を歩く時も、常に男の子がおばあさんの手を引いています。

ゆっくりゆっくりおばあさんが歩くペースに合わせて、男の子も一歩ずつ踏みしめるように歩いていきます。

幸い、出入り口の程近いところがお二方のお席だったようで、ほっとした様子で座席に座られました。

「何かお手伝いでも」

と思い傍らに寄ると、既におばあさんは座席ベルトを締めており、安心した様子で、

「ありがとうね。ありがとうね。もう大丈夫ですよ」

と、男の子に声をかけていました。一方の男の子は、まだ自分の荷物の片付けも、ベルトも締めていません。

そうこうするうちに、最後のお客様がお乗りになって、ドアが閉まりました。

すると、男の子が手を挙げました。

「お呼びでございますか」と伺うと、

「この席空いていますか」と尋ねられます。

「はい。空いております。お席が離れてしまったのですね。それは大変失礼いたしました。大丈夫ですので、どうぞお使いください」と、お答えしたところ、男の子はようやく安心して、手荷物を前の座席の下に押し込み、ベルトをしてくださいました。

「大丈夫ですよ。気にしないでください」

と、おばあさんが、かなり遠慮がちに男の子に声をかけていらしたのがちょっと気になりましたが、楽しそうにお話をされていたので、私も業務に戻りました。


飲み物サービスでお二方のお席に伺った際、

「やさしいお孫さんですね」

と、声をかけました。すると、

「いえいえ、孫ではないんですよ。さっき、待合室でお会いしたばかりなのですが、本当に親切にしてくださって……」

と意外な答えが返ってきました。

聞くと、おばあさんが一人だったので、声をかけたとのこと。

まだあどけなさが残る（高校生になりたてぐらいとお見受けしました）男の子が、こんなことをするなんて……と、とても驚きました。

お飲み物を伺うと、即座におばあさんの前のテーブルを出し、「お先にどうぞ」と一貫してレディファーストを行う紳士然たる態度。飛行中もさりげなく気を配っている姿をたびたび見かけました。

降りられる際も、搭乗する時と同じように、上手にエスコートしていました。

空港には、おばあさんの娘さんが迎えにいらっしゃるとのことでしたが、きっとその娘さんにお会いするまで、おばあさんの手を放さないでしょう。

おばあさんのために一生懸命だった小さなジェントルマンの姿は、今もはっきりと目に焼きついています。

＊＊＊

「小才は縁に出会って縁に気づかず、

中才は縁に気づいて縁を生かさず、
大才は袖すり会うた縁をも生かす
柳生石舟齋《やぎゅうせきしゅうさい》」

世の中には縁があるにもかかわらず縁を生かせない人、縁に気づかない人がたくさんいる一方で、わずかな縁を生かせる人もいる、という意味です。

出会いは人の人生を変えます。

人の歓びで最もすばらしいのは、よい人とのご縁ではないか、私はそう思っています。

よい縁はさらによい縁を生み出します。


男の子にとって、このおばあさんとの縁がよいご縁となれば、そんな素敵なことはありません。おばあさんはこのご縁に感謝しているでしょう。

よい縁をつくるためには、和み、謙虚さと感謝の気持ちが大切です。縁を大事に思う気持ちが、縁となり、つながっていくのですから。

Story 7

ぬるい日本茶

羽田→仙台便

出張の朝、出掛けに母と喧嘩しました。

仕事に明け暮れてきた頑張り屋の母は、気丈で口がきつく、気に入らないとなると誰とでも喧嘩してしまうタイプ。

その日も、大声で罵《のの》り合いになり、険悪な雰囲気に。おもしろくなかった僕はバタンと玄関の扉を思いっ切り閉めて、家を出ました。

気の強い母と喧嘩して気分の悪いまま飛び出すことはよくあるのですが、なんだか今朝は、文句を言いながら台所で皿を洗う後ろ姿が、少しだけいつもより小さく、丸く見えたのが、気がかりでした。

言い争いで家を出遅れてしまったため、かなりギリギリの時間に羽田に着きました。搭乗口に向かう途中、「グーッ」とお腹が鳴り、朝から水一杯も飲まずにいたこと、自分が空腹であることを思い出しました。

母が用意してくれた朝食を「こんなのいらない」と言って、食べないで来てしまったことを後悔しながら、慌てて売店でお弁当を買い、飛行機に乗り込みました。

「こんなことなら口喧嘩している間に、つまんでくればよかった」

席に着くと、ほっとしたせいか、空腹が苦になり、どうしてもすぐにお弁当が食べたくなりました。

離陸前に、テーブルを元の位置に戻していなくてはいけないことはわかっていましたが、まだ乗客も全員揃っていないようですし、周りを見渡すと空席もあります。なにしろいちばん前のドアがまだ閉まっていません。

「よし、これなら食べられる！」、そう思ってテーブルを出し、急いでお弁当を食べ始めました。

一口、二口目を口に入れた時でしょうか。

「お客様、上空に参りましたら熱い日本茶をお持ちいたします」

と、CAさんが紙コップに半分だけ入った、ぬるい日本茶を持ってきてくれました。

「離陸までにはテーブルを元の位置にお戻しください」

「あ、どうも」

さっそくいただいたぬるいお茶をグイッと飲み干し、その勢いで弁当を食べ終えました。

「注意されるのかな」と思いきや機転の利いたスマートなサービス。驚くと共に、心が温かくなりました。

と同時に、今朝、口をつけなかったテーブルの上の朝食が思い出されました。トマトジュースに鯵の干物、焼のりと卵焼き、そして味噌汁とご飯の平凡な定番メニュー。

でも味噌汁とご飯はいつも湯気が出るほど熱々だった――。

僕が起きてくるのを見計らって、席につく直前に温めてくれていたんだ。

ＣＡさんの絶妙なタイミングのサービスに感動しながら、自分がいつも家で絶妙なタイミングでサービスを受けていたことに気づきました。

「母さんなりにいつも気にしてくれていたんだ」

当たり前だと思っていました。

「あのご飯、どうしただろう。きっとぶつぶつ文句を言いながら食べたんだろうな」

僕も言い過ぎたよな。なんか買って帰ろう。

きっと喧嘩したことなんて忘れているだろうけど。言うだけ言ったら、すぐ忘れるのんき者同士だからな。

いつものように「ただいま」と言って、家に入るとするか。

ＣＡさんのさりげない心遣いで、心がぱっと晴れました。

大袈裟かもしれませんが、あの一杯のお茶がお弁当のつかえだけでなくて、心のつかえまで流してくれた気がします。

本当にありがとう。

＊＊＊

「お客様、間もなく離陸いたしますので、恐れ入りますが、テーブルは元の位置にお戻しください」とお願いするのは簡単です。

お客様も、食べかけのお弁当を片付けてテーブルを戻してくださるでしょう。

しかし、注意された人のご気分はいかがでしょうか。嫌な気がするのではないでしょうか。なかには、人前で恥をかかされた、そう思われて不快になる方もいらっしゃるかもしれません。

お願いやお詫びをする時は、まず、相手が今、何を望んでいるのか、何を考えているのか、相手の心の声を聴くようにしなくてはなりません。

相手の立場に立って、お願い、お詫びをし、さらに理由を伝えることで初めて、相手も納得、理解でき、ご協力くださるのです。

ちなみに、お断りしなければならない時は、断りっぱなしで終わらせるのではなく、代替案を必ず提案すると、前向きな関係になります。

ぬるいお茶であれば、すぐにお飲みいただくことができます。通常、ドリンクサービスでご提供しているような熱いお茶では、そうはいきません。

こうしたほんの少しの心配りから、お客様との気持ちのよい関係が生まれます。

ほんの些細なこと、これくらいと思うことこそ、目を留めてみませんか。

Story 8

バンコク→成田便

小さな親切

バンコクへ一人旅に行った帰りの便でのことです。

化粧室に行こうと立ち上がったとたん、ウエストポーチの中身を全部ばら撒《ま》いてしまいました。

慌てて拾っていると、隣の席の方々が一緒に手伝ってくれ、そのおかげで、あっという間に拾い集めることができたのですが、どうしても自転車の鍵だけが見つかりません。

「すみません。ありがとうございます」

「あとは何がないの？」

「実は、自転車の鍵がまだ……」

「自転車の鍵か。あんまり遠くにはいきそうにないのにな……」

休んでいらっしゃる人もいる中、申し訳なく思いながら、探し続けていました。

ふと見ると、ＣＡの方をはじめ前の席の方も後ろの席の方も、周りの席の方たちが数人、狭いシートの間を一生懸命、探してくれているではありませんか。カーペットに膝をつけ、通路に出て探してくださっている方もいます。

驚きました。

でも、自転車の鍵は見つかりません。

「どこかに飛んでしまったのかもしれない。もう見つからないかもな……」

キーホルダーも付いていない小さなただの鍵。

いくら室内（機内）とはいえ、小さな鍵だけを探すのは、ひと苦労です。

それに、これだけ探してないということは、元々入っていなかったのかもと不安になってきました。

その時です。

「あった」と大きな声が上がりました。

驚いて顔を上げると、3列後ろの座席の方が手を挙げていました。座席の下に入り込んでいたのを見つけてくださったのです。

そうです。３列も後ろの座席の人までも、一緒になって探してくれていたのです。

たかが自転車の鍵。

フライトも中盤、皆さん眠かったことでしょう。

やりたいことだってあったはずです。

それなのに、一緒になって探してくれた。

皆さんの好意に胸が熱くなりました。


「本当にありがとうございます」と何度も頭を下げると、

「お互い様」

「気にしなくていいですよ」

「よかった、よかった」

「今度はちゃんと閉めておきなよ」と笑い声――。

ＣＡさんも「皆様、ご協力ありがとうございました」と一緒にお礼を言ってくださいました。

温かい人情に触れて、落とした物だけではなく、何か、特別なものを拾った、そんな気がしました。皆さん、ありがとうございました。

＊＊＊

人間関係が希薄になっているといわれています。

自分は自分。他人のことには無関心という方も増えているようです。

近所の子どもが大声で泣き続けていても、自分には関係ないことと、聞こえない振りをしたり、近所に住む一人暮らしのお年寄りの方を、最近お見かけしないなと思っても、訪ねなかったり……。

忙しい毎日、自分のことで精いっぱいで、面倒なことには巻き込まれたくない──、それが本音かもしれません。

でも、その時、少しだけでも動いてみる、声をかけてみることで、相手の方にとって大き

な助けになることもあります。

私たちができること、きっと何かあるはずです。

人が困っているのを見て、手助けしてくださったお客様。

「大丈夫。見つかるよ」と励ましてくださったお客様。

たまたま同じ便に乗り合わせた、ただそれだけの関係……のはずです。

しかし、このお客様にとっては、自転車の鍵を見つけてくださった恩人であり、一緒に鍵を探した仲間。いつまでも心の中に、存在し続けることでしょう。

小さな親切にあふれた世の中になるといいですね。

Story 9

泣かないで

シドニー→成田便

離陸準備の安全性チェックをしていると、座席を後方に倒してお休みになられているお客様を発見しました。ロングヘアの若い女性です。離着陸の際には、安全上、元の位置にお戻ししていただくことになっていますので、ご迷惑とはわかっていましたが、声をかけました。

「お客様、お休みのところ申し訳ございません。間もなく離陸いたしますので、座席の背を元の位置にお戻しいただけますでしょうか」

耳元で小さな声でお願いしてみました。

聞こえていないのでしょうか、反応がありません。目も閉じたままです。

そこでもう一度、先程より少し声を大きくして、「恐れ入ります。座席の背を……」と言いかけたところ、その女性は目を開け、私をきっとにらみ、座席を戻してくださいました。

「ありがとうございます。起こしてしまい、申し訳ございません」とお伝えして、彼女の顔を見たとたん、ハッとしました。

泣いていたのでしょうか、大きい、クリッとした目が赤く充血していたのです。よく見ると、涙が光っています。その表情に、おかけする言葉が見つからず、会釈だけして、その場を離れました。

上空に行くと、その方はまた座席の背を倒し、お休みになってしまいました。目を開けられたのは、到着の30分前でした。先程よりは落ち着いて見えるものの、ハンカチで目頭を押さえていらっしゃいます。よほど悲しい出来事があったのでしょう。

機内で涙される方は、実は少なくないのですが、こんな時はいつも、なんとお声をかけたらよいか、本当に迷います。悲しんでいらっしゃる方、暗い表情の方は、心中をお察ししかねるからです。

周りにはほかのお客様もいらっしゃいますし、そこまで、私たちが立ち入っていいとは思えません。

この時も結局、冷たいおしぼりをお持ちすることしかできませんでした。

「よろしければ、どうぞお使いください」とお渡しすると、「ありがとう」と、か細い声が返ってきました。

「目に当てるとお楽になりますよ」とさらに声をかけました。

それ以上は無理でした。その女性がしくしくと泣き始めてしまったからです。

とても声をかけられる状態ではありませんでしたが、このまま成田に着いて、飛行機から降りていただきたくなかった。そこで、

「どうして泣いていらっしゃるのかは存じませんが、こんな言葉がありますので、お伝えします。

"Don't cry because it is over, smile because it happened"
──終わったことに泣かないで、始まったことに笑顔になろう──」

と、メモに書いてお渡ししました。以前、何かで目にした言葉でした。

お客様はびっくりなさっていましたが、読み終わると、私を見て頷いてくださいました。そして、涙の理由をお話ししてくださったのです。

「実はふられちゃったんです。結婚を前提にお付き合いしていた人がいたんですが、ほかの人と交際していることがわかって。問いただしたら、『彼女と結婚する』って言われてしまいました。だから、さっき別れてきたんです。

仕方ないですよね、ずっと遠距離だったし……。

泣くだけ泣いたら、少し気が晴れました」

「そうだったのですね。おつらいですよね。お話しくださって恐縮です。これからきっと、今まで以上に素敵な出会いがありますから。元気になってくださいね」

私もなんとか言葉を絞り出しました。

彼女の後ろの窓に、夜の成田空港が見えていました。

滑走路の誘導灯が、まるでルビーやエメラルド、サファイアのようにきらめいています。

いつも見る光景なのですが、この日の灯は、その女性を励ましているかのような、温かさと、やさしさを感じさせる何かがありました。

着陸する際、ずっと窓の外をご覧になっていましたから、この方の心にも、宝石のきらめきは届いたことでしょう。

成田に到着し、降機なさるお客様方にご挨拶をしていると、その女性が私の前で立

ち止まってくださいました。そして、

「いくら寂しくても、悲しい顔はもうやめます。いつ誰が私の笑顔を見かけて、好きになってくれるかわからないですものね」

にこっと笑って、こんな言葉を残し、降りていらっしゃいました。

この言葉と彼女が初めて見せてくれた笑顔は、今でも心に残っています。

＊＊＊

実はその後、知人にこんな言葉を教えてもらいました。

あの時の彼女にお伝えしたいなと、思ったので記します。

"Maybe God wants us to meet a few wrong people
before meeting the right one,
so that when we finally meet the person,

we will know how to be grateful."

――多分神様は私たちに運命の人以外の人と出会ってほしいのです。
本当に運命の人が現れる前に。
だって、やっとその人に出会えたときに、
それがどれだけ素敵な出会いなのか、
理解してほしいから――

Story 10

一杯の水

羽田→小松便

取引先でのミーティングが長引いてしまい、空港に到着したのは、出発時刻のちょうど20分前でした。

手荷物検査場を通り、ゲートへ急いでいると、上司から電話がかかってきて、急きょパソコンを開いて対応しなければならない事態になってしまいました。

自分が乗る飛行機の出発ゲートにはほど遠かったのですが、少しなら大丈夫だろうと高をくくり、対応することに。

間もなくして最終案内の放送が入ったので、なんとか切り上げ、ゲートめがけて走り出しました。

既に3分前。

「ANA○○便で小松にご出発のお客様はいらっしゃいませんか」

地上係員による小松行きの最終搭乗のアナウンスが流れています。と、近くにいたトランシーバーを持った係員の方が急いでいる私に気づき、声をかけてきました。

「小松行きのお客様ですか？」

「あ、そうです」と答えると

「恐れ入りますが、お急ぎいただけますか。お手荷物を一つお持ちいたします」と、重いバッグのほうを持って一緒に走ってくれました。

ゲートまではまだまだ距離があります。

「頑張りましょう」

と励まされながら、二人でぜいぜい息を切らし、一緒に懸命に走りました。

地上係員の方は、いったい一日何度こんな客に付き合って走っているのだろうか、そう思うと、大変申し訳ない気持ちになりました。

やっとの思いでゲートに到着。

出発予定時刻を過ぎていました。

「間に合ってよかったです。お気をつけて」

と、彼女とゲートにいた係員の方々ににこやかに見送られ、機内へ向かいました。

機内に入ると、「いらっしゃいませ。お待ちしておりました」というCAの方の声と同時に、ドスンと鈍い音を立ててドアが閉まったのがわかりました。

他の乗客の冷たい視線を浴びながら、自分の席に向かいました。

手荷物を片付けようとしたのですが、周辺の物入れは既にいっぱい。

「さて、どうしたものか？」と思ったとたん、CAの方から「離れたところで申し訳ありませんが、こちらにどうぞ」と、自分の座席より10座席以上後ろの物入れを指し示されました。

遠くて嫌でしたが、そうも言ってはいられません。

一刻も早く座席に着かなくてはならないことはわかっていましたので、手荷物をお願いし、やっと席に座りました。

すると、「お客様、お急ぎくださいましてありがとうございます。よろしければ、冷たいお水をお持ちいたしましたので、どうぞ」と、すっと紙コップを渡されました。

「え……？」と思いながらも、のどが渇いていた私はゴクゴクと一気に飲み干しました。

「おいしかった」

水があんなにおいしいと思ったのは久しぶりでした。なんとも言えない安堵感を感じました。

私が遅れたせいで出発も遅れてしまったのに、ねぎらいの言葉に水のサービス。不機嫌だった周りの乗客の人たちも、その対応に感心しているようでした。直接、心遣いを受けた私だけでなく、その光景を見ていたお客様まで魅せられてしまうとはさすがだなと思いました。

定刻通りに小松に到着し、ベルト着用サインが消え、乗客が荷物を取り始めました。後ろに荷物を置いた私は、乗客が降りる流れに逆らうことになるので、最後に降りることにしようとあきらめて座っていました。

すると、「お客様、お待たせいたしました。お荷物をお持ちいたしました。ご搭乗ありがとうございました」の声が。

そうです。なんと行列ができる前に機転を利かせ、ＣＡの方が座席まで手荷物を持ってきてくださったのです。

最後まで、サプライズの連続でした。

一緒に汗だくになって走ってくれた地上係員さん、ご苦労様でした。

やさしい言葉と共にお水を持って来てくれたＣＡさん、荷物のことまで気を配ってくれて、ありがとう。

「力を合わせて、飛行機を飛ばしているいい会社だな」と、しみじみ思いました。

帰りの便は余裕を持ってゲートに入ります。

＊＊＊

安全に定刻に、快適にお客様を目的地までお届けするのが私たちの役目です。

荷物を持って一緒に走るのも、お待たせすることのないよう、お荷物をお返しするのも当たり前のこと。

予定している便に乗れず、嫌な思いをさせたくない、一刻も早く、汗が引き、落ち着いていただきたい、お待たせしてしまい、イライラさせることなどしたくない、ただそれだけなのです。

常に、目の前にいる方に、できうる限りのことをしたいと、私たちＡＮＡスタッフは思っています。

汗だくになって走っていただいたお客様に私どもができること、それが一杯のお水をお持ちすることでした。

かの千利休は、「茶の湯とは何か?」と聞かれた際、「渇きを医するに止まる」と答えました。

のどの渇きを癒すことではありません。人の心の渇きを癒すことが肝要であると説いているのです。

飛行機の中がお客様ののどの渇きだけでなく、心の渇きも癒すことができる空間と時間であったら、そんな幸せなことはありません。

そして、こうした想いがお客様に届いていたなら、とてもうれしく、私たちの励みになります。

空の上の茶室へようこそ。

Story11

成田→北京便

ガッツポーズ

機内で、人目もはばからず、ガッツポーズをしている男性を見つけました。

まだ離陸して間もない、上昇中のことです。

落ち着いたビジネスクラスということもあって無言でしたが、頬は紅潮し、とってもうれしそうなのが、伝わってきました。なんだかよくわかりませんが、一緒になってガッツポーズをしたくなるくらいの迫力でした。

ベルト着用サインが消えたらすぐに、その方のところに行って、「何かいいことあったのですか？」と伺おう。そう思ってうずうずしながら、乗務員のシートに座っていました。


上空でサインが消え、さっそくお近くに行くと、そのお客様はさらににこにこ顔になっていらっしゃいました。その様子から、お声をかけても大丈夫だろうと判断し、

「お客様、何かいいことがあったのですか」

と、率直に伺ってみました。

「あ~はい。うれしいことがあったんです」

ちょっと恥ずかしそうに、でも満面の笑みを浮かべて答えてくださいました。ただ残念ながら、それ以上はおっしゃいませんでした。

それから少しして、食前酒のご案内にその方のところに伺いましたので、

「おめでとうございます。お祝いのシャンパンをお持ちしました。アルコールがお好きでなければ、乾杯だけでもいかがですか」

と言って、シャンパンをお勧めしてみました。

「あ、どうもありがとうございます。じゃあ……」

少しびっくりなさっていましたが、グラスを受け取って、一口飲まれると、

「実は、結婚が決まったんです」

と、とってもうれしそうに話してくださいました。

「おめでとうございます。素敵ですね」

「ありがとうございます。2年間、遠距離恋愛をしていた女性に結婚を申し込んだら、OKしてもらえて。駐在先の北京《ペキン》に来てくれることになったんです」

「北京で新婚生活ですね」

「はい。日本と違って大変そうですが、二人ならやっていけそうです」

「どうぞお幸せに」

などと話していると、そのやりとりが聞こえたのでしょう。

「おめでとう」

「よかったね」

「お幸せに」

周りの席にいらしたビジネスマンの方々も、口々にお祝いの言葉をかけてくださったのです。

長時間のフライトであっても、なかなかお客様同士がおしゃべりをなさることはないのですが、この時は皆さんニコニコうれしそう。

そこで、周りの方にもお声かけをして、希望された方にシャンパンをお持ちしました。

すると、一人の方が音頭をとってくださり、「結婚おめでとう」と、近くに座られていた皆さんで乾杯されたのです。

ご本人は照れながらもとてもうれしそうでした。

4時間あまりのフライトでしたが、いつも以上に和やかな、幸せな気分に包まれたものとなりました。

＊＊＊

人が醸し出す雰囲気があります。
人が集まることによってつくられる場の空気というものがあります。
それは温かかったり、冷たかったり、
明るかったり、暗かったり、
リラックスできたり、堅苦しかったり、実に様々。
こうした空気、人の気持ちは伝染していきます。心が共鳴するのです。
そう、まるで池に小石を投げた時にできる水輪のように広がっていきます。
時には、自分から小石を投じ、豊かな気持ちを伝えていくのもいいものです。

Story12

特製弁当

羽田→千歳便

羽田発千歳行きの、330名の修学旅行生を乗せた便に乗務した時の出来事です。
ちょうどお昼にかかるフライトでした。
搭乗直後に、添乗員さんから
「上空に行ったら、子どもたちがお弁当を食べますので、お茶をお願いします」と、連絡をいただきましたので、担当キャビンのCAに報告し、サービスの段取りを決めました。

ベルト着用サインが消えた後、ギャレイでエプロンに着替え、サービスの準備に入っていたところ、

「あ！」

突然、男の子の大きな叫び声がキャビンに響き渡りました。

「いったい、何が起こったのかしら」

と、内心慌てて伺いますと、その男の子のお弁当が床にひっくり返っていました。

どうやら捨てられる容器で持ってくること、という学校の指示に従って持ってきた

慣れないプラスチックの容器で、手がすべってしまったようです。

「あ～あ～」

「もったいない」

と通路まで飛び出したおかずを見て、周りの子どもたちも騒いでいます。

「大丈夫ですよ。すぐに片付けますからね」

と声をかけると、

「すみません」

その子は申し訳なさそうにぺこっと頭を下げ、一緒に片付け始めました。

床がすっかりきれいになり、彼が手を洗って席に戻ってくると、

「おい、先生のおにぎり一つ食べろ」と、先生がおにぎりを手渡しました。

「ありがとうございます」と顔を赤らめ頭をかきながら受け取り、男の子が席に着くと、

「仕方ないな」

「ほら、特製弁当のできあがり」

と、隣の子がどこから集めたのか、山盛りに盛られたおかずいっぱいの手作り弁当を差し出しました。

みんなが、その子に気づかれないように、そーっと自分の弁当から一品ずつ差し出し、作ってくれたのです。

お弁当のふたの上にただ乱雑に盛られているだけなので、お世辞にもおいしそうとは言えませんが、いろいろな種類のおかずがたくさん載っていてワクワクする、まさにお子様ランチみたいなお弁当でした。

「俺のよりうまそう」

「こぼして、得したんじゃない？」

などと、冷やかす声。

「ありがとう……」

さりげない仲間の気遣いで、できあがった超特製弁当を、彼は神妙な面持ちで食べ始めました。

そのやりとりの中、私はギャレイに戻り、お子様ランチについている旗を真似て、楊枝にＡＮＡのロゴをつけて小さな旗を作り、戻って特製弁当に挿してあげました。

「はい、世界に一つしかない特製弁当のできあがり」

そう声をかけると、

「はい」

うれしそうに答えてくれました。

「いいな〜」

「今度、落としたらもうないからな」

と、またまた上がった冷やかしの声に、ますます顔を赤くした男の子。

光るものを目にたたえながら、おいしそうに頬張っている顔は、本当にうれしそうでした。

＊＊＊

さりげない心遣いで、できあがった特製弁当。

ANA

時間が経って、冷たくなってはいても、みんなの温かい心がギュッと詰まったホカホカに湯気が立っているような、愛情たっぷりの最高のお弁当でした。

「今時の若者は、自分さえよければよいと思っている人が多い」とよく言われます。

失礼ながら、私もそのように思っていました。

お弁当を落としてしまった彼に対し、「何やっているんだ。ははは」と、笑い飛ばしたり、「落とした人が悪い」「自分は関係ない」と、冷ややかに見たりするのではないだろうか、少し気になったとしても、「先生からおにぎりもらったんだから、それでいいでしょう」と構わずに自分のお弁当を食べるような人が多いのだろうと、勝手に考えていたのです。

でも、そうではありませんでした。

みんなの心によって集まった一品おかずの山盛りは、豪華なお弁当になりました。

一人ひとりにできることはそんなに大きくなくても、みんなで力を合わせ、一緒にすることによって、簡単にできてしまうことはたくさんあります。

一人で一〇〇歩歩むよりも一〇〇人で一歩ずつ歩む。そんなチーム力っていいですね。

一人ですべてを成し遂げることもすばらしいことですが、ほんの些細なことをみんなで一緒にすることで大きな成果を出すことも、また凄いことです。

クラス（チーム）の仲間のためにみんなで何かをする、そして心を寄せられるって素敵だなと、学生の皆さんに教えていただきました。

Story 13

富山→羽田便

「これ食べて」

「ゆで卵食べるかい」

そんな声が聞こえたような気がして、立ち止まりました。

振り返ると、団体のお客様のお一人が笑顔で私を見ています。

「ご用でございますか」

と、お客様の元に戻ると、ゆで卵がたくさん入ったパンパンのビニール袋の中からラップに包まれた卵を一つ取り出して渡してくださいながら、

「あとでこれ食べて、元気出しな」と、やさしい言葉をかけてくださいました。

すると今度は、隣の女性のお客様がタッパーを開けて、楊枝《ようじ》を挿し、

「一つつまんでいきなさい。私が漬けた漬物。おいしいよ」と、勧めてくださいます。

比較的年齢の高い団体のお客様が搭乗される際、機内で味自慢、宴会が始まることも少なくありません。それぞれが、手塩にかけた自慢の品を持ってきて振る舞う姿はおなじみといってもいいものでした。さすがにビニール袋が切れてしまうのではないか、と思うほどたくさんのゆで卵には、びっくりしましたが……。

「ありがとうございます」

と、ご好意をありがたく頂戴し、

「日本茶でもご一緒にいかがでございますか？」

と皆様にお声をかけました。すると、ゆで卵をくださった方から、

「いろいろあるけどさ、人生いいこともあるからな、頑張りな」

と、温かい励ましのお言葉が返ってきました。

「え？」

思いもかけない言葉に私は驚いてしまいました。そして……、思い当たったのです。

この便のお客様方をご搭乗案内させていただいている時に、ある男性のお客様から、怒鳴られてしまい、その姿をお客様方にお見せしてしまいました。満席だったため、その男性のお客様がご搭乗された時は、すでに周りの物入れがいっぱいで、そのお客様が荷物を入れるところがない状態。

「どこにしまえばいいんだよ」

大きな声で怒鳴られました。こちらから気づいて、すぐにご案内すべきところ、後

手に回してしまったことが原因です。悪いのは私です。

他の場所をご案内してことなきを得たのですが、そのお客様の声が周囲の方々に聞こえ、驚かせてしまいました。

「失礼いたしました」

と、他のお客様たちにお詫び申しあげ、私も業務に戻ったのですが、団体のお客様たちの頭に残っていたのでしょう。それで、私を励ましてくださったのです。

胸がジーンと熱くなりました。

この時、新人だった私は、自分では笑顔で業務をしているつもりでしたが、表情に出てしまっていたのかもしれません。実際、相当落ち込んでいました。先輩たちのように素早く対処できないことに、自信をなくしていたのです。

そんな時のお客様からの励ましと笑顔――。

これ以上、強いパワーを与えてくれるものはありません。

目からこぼれそうになる涙を必死で抑えながら、皆さんに、心の中で「ありがとう」を返しました。

到着後、次のフライトまでの休憩時間に、いただいたゆで卵を一口食べてみました。「ゆで卵ってこんなおいしいものだったの」と、驚くほど味わいのある卵でした。一緒にいただいたお漬物を噛むと、ぽりぽりと小気味いい音がします。噛むたびに響くその音に心がどんどん癒され、軽くなっていく気がしました。

人の温かさを改めて感じ、素敵なお客様たちに出会え、フライトのお手伝いができるＣＡになってよかったと、心から思うことができました。

温かく心に染みる声かけとゆで卵とお漬物、本当にありがとうございました。

＊＊＊

人は苦しんでいたり、困っていたり、自信を失っていたり、弱っている時に、人のやさしさや思いやりの心に触れることで、元気や勇気を取り戻すことができます。

本来、心の傷は自身で治していくものかもしれません。ただ、そっと支えてくれる力や寄り添ってくれる心が存在してくれることで、心強くなったり、傷の痛みが弱まり、治りが早くなることもあります。

誰かのふとしたやさしいまなざしや、温かい微笑み、何気ない言葉かけ、握手、抱擁に心が救われたことはありませんか？　元気づけられたり、勇気づけられたりしたことがあるのではないでしょうか。

同じように、あなたのやさしいまなざしや、温かい微笑み、何気ない言葉かけ、握手、抱擁が、誰かを元気づけ、勇気づけているのです。

それは時に、あなた自身も気づいていないところで効力を発揮していることもあるでしょう。実際、お客様に何気なくかけさせていただいたひと言に、感謝のお手紙をいただいたことも少なくありません。

そして、お客様からの言葉や笑顔に励まされることも多々あります。おもてなしをしなくてはならない私たちが、反対にたくさんのものをいただくこともあります。

ゆで卵とお漬物を見ると、あの時いただいた温かな気持ちを思い出します。

どんな時も、あなたを見ている人がいます。

あなたを想っている人がいます。

Story 14

兄の手紙

高知→羽田便

高知からの最終便ということもあり、比較的空席の多いフライトでした。

サービスを終え、機内を見回っていた時のことです。

窓側に座っていらっしゃる女性のお客様が目に涙を浮かべているのに気がつきました。

お隣の席が空いていましたので、お声をかけることができました。

「どうなさいましたか」

と伺うと、窓の方を見ながら
「ああ、あまりにもきれいで。あなたも見てごらんなさい」

とおっしゃいます。

「失礼いたします」

中腰になって、窓を覗き込んだところ、言葉を失いました。

雲の海が空一面に広がっていたのです。

夕陽の光が、雲に反射し、茜色にピカピカと輝いています。

一瞬で、幸せな温かい気持ちになりました。

長年フライトをしていると、雲海の美しさも〝当たり前〟になってしまい、見てもその美しさを味わうことをしていなかったことに気づきました。

美しいものを美しいと思える自分でいたい、感性を曇らせてしまってはいけない、そう思いながら、お客様と一緒に、窓を覗いていました。


「さっき、泣いてしまったのはね」

しばらくして、ご婦人がハンカチで目頭を押さえながら、話し始めました。

「今日が戦死した兄の誕生日だったからなの。両親と住んでいる妹のところに遊びに行ったら、兄の手紙を渡されてね。それを読んでいたら、涙が止まらなくなってしまって……」

そうおっしゃりながら、カバンの中から、時代を感じる、和紙に墨で書かれた手紙を取り出し、

「これなのよ。よろしかったらどうぞ」

と手に載せてくださいました。突然のことに、躊躇していると、

「昔のことですが、お嫌でなかったら」

と勧めてくださいました。

そこで、お隣に座らせていただき、お手紙を拝読させていただきました。国のために戦争に行かなければならない。どうすることもできない、もどかしさとせつなさ——。明日、旅立たれるお兄様がご両親に宛てた言葉が、そこにありました。とても美しい文字で、今まで、聞いたことも、見たこともないような丁寧な言葉で、息子として、親を慕い、敬う気持ち、そして兄として、妹たちを心配するやさしい、思いやりの気持ちがあふれています。

「日本語ってこんなに素敵な言葉だったかしら」

お兄様の言葉に感心するとともに、胸が熱くなりました。

2行目に差し掛かる頃には、涙があふれてきました。

仕事中に泣くなんて、もちろん言語道断。プロとしてあってはいけないことです。「絶対泣かない」と心に誓って、涙がこぼれないように上を向いたり、手の甲をつねったりしながら、必死にこらえて読み続けました。

そんな様子をご覧になっていたお客様は、心配してくださり、「大丈夫ですか」と、やさしく声をかけてくださいました。

「はい。ありがとうございます」

と返すのがやっとでしたが、なんとか涙をこぼさず、最後まで読ませていただきました。

「ごめんなさいね。時代が違うから、よくおわかりにならなかったでしょう。ご迷惑でしたね」

「いえ、本当に貴重な大切な手紙を読ませていただいて恐縮です。お兄様の言葉に感激してしまって……、すみません」

もう言葉になりませんでした。それほど、お兄様の言葉は私の胸に大きな衝撃を与えたのです。

「おやさしいのね」

そう言って、お客様は泣いてしまっている私の手をやさしく握ってくださいました。

その方のお顔をそっと見ると、目に涙が光っていました。

手紙を通して、時を超えてお兄様と出会えたこと、忘れません。

＊＊＊

これまでも新聞などで、これから戦争に旅立つ方が書かれた手紙を読んだことはありましたが、実物を見るのは初めてでした。

死ぬことがわかっていて、それでも出発しなくてはならない。

大事な人たちと別れて――。

どんなに、おつらかったことでしょう。

現代は、大半の人が何不自由なく自由に暮らせる時代です。

楽しいこともいっぱいあるでしょうし、つらいこともあるでしょう。

今、あなたがそこに存在していること、自分の意志で自由に生きられることは、とてもすばらしいことです。

ところが、多くの方が、そのことに気づいていない、知ってはいても見失っているように思います。

自分の目の前にあることを追いかけるだけになってしまい、その延長で明日を迎えてはいませんか。

大切な人を大事にする気持ち、親を敬う気持ち、兄弟を守りたいという気持ち、そして生きたいという気持ちを、忘れていませんか。

物事には、目に見えるものと見えないものがあります。

目の前にあること、見えていることだけが、あなたにとって大切なことではないはずです。

目に見えてはいないけれど、目の前にはないけれど、大切なことがあるのではないでしょうか?

今、この時、大切なことは何か、ちょっと考えてみませんか。

Story 15

成田→北京便

鞄の取っ手

手荷物検査場で、荷物を取り上げようとした瞬間、鞄の取っ手が、ブツンと片方が切れてしまいました。

係員の方が乱暴に取り扱ったわけではなく、長年使ってきたため、残念ながら寿命がきたのでしょう。

抱えるようにして、飛行機に乗り込みました。

座席に着いて鞄を置こうとした、その時です。

「お客様、お鞄どうなさったのですか」と客室乗務員の方に尋ねられました。

抱えて入って来ただけなのにどうしてわかったのかと、鋭い観察力にびっくりしつつ、

「あー、壊れてしまってね。もうそろそろ寿命かなって思っていたところなんです」

と苦笑しながら答えると、

「それは、ご不自由でございますね。後ほどまた伺います」

と声をかけてくれました。

離陸後、機内サービスが一段落ついた時、先程の客室乗務員の方が、

「このままではご不自由でございますよね。応急処置をさせていただいてもよろしいでしょうか」

と、針と糸を持ってきてくれました。そして、取っ手を縫いつけてくれたのです。

「どうして壊れているってわかったのですか」と伺うと、

「お客様が不自然な持ち方をなさっていたからです。どうなさったのかしら。よほど大事な物が入っているのかしら、とも思いましたが、お客様の様子を見ていてもしかしたらと」

ちょっとした動きで、「何か違う」と気づいてくれた、プロの目に感激しました。

この処置のおかげで、なんとか普通に持つことができるくらいになりました。

こちらから頼んだわけでもないのに、すばらしい処置をしてくださったことが、あまりにうれしかったので、

「実はこの鞄、古ぼけているけれど、僕にとっては大切な想い出の品なんです。起業して、初めて契約を成功させた時に持っていたものでね。大きな契約の時はお守り代わりに持つことにしていたんです。ははは……」

と笑って思い出話までしてしまったところ、

「素敵ですね。今日はそんな鞄と出会えて、私にもいいことありそうです。ありがとうございます」

と、言ってくださいました。

そして免税品用の袋だと思いますが、大きなビニール袋を差し出し、「こちらを念のためにお持ちください」と2枚重ねて渡してくれました。


ご親切にしていただき、ありがとう。

おかげさまで、今回の北京での契約も無事に終えることができました。

鞄だけでなくて、心も繕っていただいた気がしました。


些細なことにも、気づくことができるすばらしさ、予備として、ビニール袋まで用意してくださる思いやり、さらにANAのファンになりました。

「すみません。これをお願いします」

と、お客様から声をかけられる前に、こちらからお声かけするのが、プロの仕事。

頼まれたことだけ行う、指示されたことだけ動くのでは、プロとは言えません。お客様が言葉にされないことまでも先読みしていく力が必要です。

目の前にいらっしゃる相手の姿を見るだけでなく、お相手が望んでいる世界を見ようとする。そうすることで、お相手の思いが見えてきます。

＊＊＊

大事な人を喜ばせる、笑顔にするには、いったいどうすればよいのか。

さりげない観察力と豊かな想像力を発揮してみませんか。

Story 16

ソウル→成田便

とっさの行動

友人とソウルに遊びに行った帰りの飛行機でのことです。
離陸して15分ほどした、ベルト着用のサインが消えて間もなくだったと思います。
友人が寝不足と過労のためか、気分が悪くなってしまいました。
心配で、背中をさすっていると、その様子に気がついたのか、一人のＣＡさんが、
「大丈夫ですか。どうなさいました」
と、聞いてくれました。
友人は下を向いたまま。かなり気分が悪いようです。
「こちらの袋をご利用ください」と、
ＣＡさんが前ポケットから袋を取り出し、広げてくれたちょうどその瞬間、「うっ」
と奇妙な音を立てて、友人が吐いてしまいました。
ＣＡさんは動じることなく袋で受け止めていましたが、なにぶん突然だったため、
エプロンや手が汚れてしまいました。にもかかわらず、ご自分のハンカチを出して、
友人の汚れている頬《ほほ》までぬぐってくれたのです。
私は何もできないでおろおろしていたのに――。

「大丈夫ですよ。念のため、そちらのポケットの中の新しい袋を用意しておいてください」

と言って、足早にその場を去っていかれました。

迅速な行動で友人も、床も、もちろん私も、ほとんど吐物で汚れることはありませんでした。

他のＣＡさんも駆けつけてくれて、後処理をしてくださいました。さらに背中をさすったり、お水で口をゆすがせてくれたりと、丁寧に友人を介抱してくれました。

おかげで友人もだいぶ落ち着いてきました。

しばらくすると先ほどのＣＡさんが戻ってきて、

「大丈夫ですか？　ご気分はいかがでしょう。少しは楽になりましたか」

と、やさしく声をかけてくれました。

「汚れるのに、とっさに手が出せるなんて凄いです」と言うと、

「手もエプロンも洗ってきましたから、大丈夫ですよ。気になさらないでくださいね」

とさらっとおっしゃったので、さらに驚きました。

その後も何度も友人の容態を気にして来てくれました。

空の上で素敵な〝ナース〟に出会えたこと、忘れません。

＊＊＊

ＣＡというと、華やかなイメージ、きれいなお仕事だと思われることも少なくありません。

しかし実際は、時差を感じながら、深夜就業したり、人に見られるきれいな仕事だけではなく、このように吐物の処理をすることもあれば、化粧室の掃除をして、ごみ交換することもあり、実に様々です。

ギャレイでは、ワインやシャンペンがずっしり入った重たいラックを何度も持ち上げたり、揺れがある中でにこやかにカートサービスをするための足さばきをしたりしています。ハードな面もあるのです。

どんな仕事にも、他の人には見えないたくさんの業務があるでしょう。同じことの繰り返しが続いたり、地味だったり、汚れてしまうような業務もあると思います。
しかし、仕事として受けもった以上、使命感をもって臨めば、嫌な仕事という意識は少なくなるはずです。職業に貴賤はありませんし、直接、誰かから感謝されることがなかったとしても、すべてがどこかで誰かに必要とされています。

どんな仕事にもやりがい、生きがいがあるものです。
また、いい仕事をすれば、次の仕事を呼び込むことができます。
あなたの仕事、応援しています。

Story17

那覇出発便

Good-bye Wave

「出発前の飛行機に手を振るライン整備士の姿に憧れて――」と言って入社してくる整備士は少なくありません。

今でこそ整備士が手を振りながらお客様を見送る光景は当たり前となっていますが、もともとは、一人のANA整備士の「お客様への想い」からであったことをご存じでしょうか。

それはまだB(ボーイング)737型機が飛び始めた(1973年)頃のお話です。

この頃、ライン整備士(飛行機が到着し次に出発する間に必要なチェックをして飛行機の安全を確認し承認する人)は、飛行機が自走するとすぐに事務所に戻ってしまうことがほとんどでした。たまに、運航乗務員(パイロット)に「いってらっしゃい」と手を振って見送る人もいたようですが、出発する飛行機に対して手を振っている整備士はいませんでした。

そんなある日のこと。

沖縄空港支店整備課に配属されたK君は、先輩整備士Mさんがいつも出発する飛行

機に向かって最後まで手を振っていることに気づきました。そこで、

「Mさんはどうしていつも出発する飛行機に手を振っているんですか？」

と聞いたのです。するとMさんは次のように答えました。

「おう。あれか。あれはな、俺、もともと沖縄の出身なんだよ。だから、お客様がこんな遠い沖縄まで高いお金を出して、青い海と輝く太陽を楽しみに来てくれて、ありがたいなって思うし、真っ黒に日焼けして帰っていく姿を見ると『よかったですね、来たかいがありましたね』って、思ってうれしくなる。反対に、台風や雨の日が続いてしまって、真っ白い肌のまま帰っていくお客様を見ると申し訳なくて、『ぜひもう一度、すばらしい沖縄を見に来てください』って、思う。

だから、楽しく過ごしてくださった方はもちろん、ちょっと残念な思いをした方にも、沖縄に行ってよかったねって、楽しい思い出になったねって、思ってほしくて、その気持ちを伝えたくて手を振っているんだ。

時々機内のお客様が手を振り返してくれるのが見えると、すごくうれしいんだよな。

俺たちが整備した飛行機に乗っているお客様から手を振ってもらえるなんて、幸せ

なことだと思わないか？」

Mさんの話に感動したK君は、この時以来、Mさんと同じ気持ちで手を振って見送るようになりました。

その後、このお見送りは沖縄空港支店整備課にとどまらず、どんどん広まっていきました。

そしていつしか「Good-bye Wave」と呼ばれるようになり、世界中の空港で当たり前の光景となったのです。

実は、この「Good-bye Wave」、規定やマニュアルには一切定められていません。

よく見てみるとわかりますが、整備士たちの手の振り方はそれぞれ違います。

でも、お客様のことを思う気持ちは、皆同じ。

「この旅を、安全に楽しく過ごしてほしい。いってらっしゃい」

そんな想いを込めて、今日もまた、整備士たちは手を振っているのです。

＊＊＊＊

炎天下の日も、寒い冬の日も、たとえ台風の日であっても、姿勢を正して、手を振り続ける整備士たち。

私たち客室乗務員（CA）も、その姿を窓から見ています。

「私たちが心を込めて整備した飛行機です。どうぞ安心して乗務してください。そして、私たちの分まで、お客様が快適に過ごせるようサービスしてください。私たちの想いは託しましたよ」

そんな、彼らの熱い声がいつも聴こえてきます。その安心感と励ましに、「今日も頑張ろう」と思うのです。

実は、手を振っているのは、整備士だけではありません。機内の清掃を担当している係員たちが一列になってお見送りをしている空港もあります。

今でこそ日常の何気ない光景なのですが、毎回、手を振る姿に胸が熱くなります。

ANA

「ありがとうございます。行ってまいります。私たちにお任せください」

手を振り返しながら、しっかりバトンを受け取り、私たち乗務員は飛び立ちます。


規定やマニュアルにも書かれていない、一人の整備士が始めた何気ない行動が、多くの人の共感を得て世界中に広がった。

強制的にさせられたわけではなく、それぞれがそれぞれの意思でその列に加わっていった。

とてつもなく偉大なことだと思います。

でもそれは、皆が同じ想いをもっているからこそ。

だからこそ、つながっていったのでしょう。


ＡＮＡでは「気づき」を大切にしています。

自分で気づき、考え、動く。

それが、また新しい気づきをつくるのです。

Story18

ひと手間かけるだけで

ロサンゼルス→成田便

3か月に一度のペースで、ロス便のビジネスクラスを利用させていただいています。

機内では、食事をいただくことより、体を休ませるのを優先して、なるべく眠るようにしています。

食前酒から食後酒まで時間をかけてゆっくりフルコースをいただきながら、空の旅を楽しんでいた時期もありましたが、今では、心身ともにゆっくり休める、くつろぎの時間として過ごすことが理想です。

「静かにぐっすり眠らせてくれ。それだけでいいから」と、思っています。

観察力の鋭いＣＡさんたちには、「かまってくれるな」というサインが、すぐに通じるのでしょう。いつも、快適に過ごさせていただいております。

先日のフライトはとくに感激したので、手紙を書かせていただきました。

いつものように離陸後、すぐに眠りにつきました。

4時間ほど経った頃でしょうか。

ふと目を覚ますと、窓のシェードは下ろされ、機内のライトも消され、周りはすっかり薄暗くなっていました。

「ぐっすり寝た。のどが渇いたな」

と思った瞬間、

「お目覚めでございますね。何かお飲み物をいかがでございますか」

と、声をかけられました。

まさにグッドタイミング。

よくこの暗がりで目を覚ましたのに気づいたものだと、感心してしまいました。

「ブラッディ・マリー（ウオッカをベースとするトマトジュースを用いたカクテル）をもらいましょうか」

「かしこまりました、ブラッディ・マリーでございますね。用意してまいりますので、少々お待ちください」

と、CAさんは立ち去りました。


隣の乗客は映画を熱心に見ているようでした。

周りを見渡すと、ほとんどの乗客が眠っています。

しばらくして、先程のＣＡさんが、キンキンに冷えたブラッディ・マリーとおつまみを持ってきてくれました。

「なんか、いいにおいがするぞ」

そう思いながら、グラスを取ろうとテーブルを見て、驚きました。

いつもの袋に入ったおつまみではなく、ローストしたアーモンドなどのナッツが、陶器のお皿にきれいに盛られていたのです。いいにおいの原因はローストしたナッツでした。

「ナッツはお嫌いではないですか」

「いえ、大丈夫です」

そう言って口に入れたナッツは香ばしく、ちょっと優雅な気分になりました。

いつもいただいているはずのブラッディ・マリーも格別に感じます。

「ゆっくりお召し上がりください。お食事も頃合いを見てお持ちいたしますね」

そう言うと彼女は、さらに隣席の方にもお飲み物を勧め、同じように香ばしいナッツと共にお持ちしていました。

その姿は、暗闇の中に浮かぶ灯のように温かさを感じさせるものでした。彼女自身が工夫することや、仕事自体を楽しんでいる様に見えたのです。冷たいものは冷たく、温かいものは温かく、当たり前のことなのでしょうが、ひと手間かけてくださったご好意に感激しました。

マニュアルを超えたサービスに、とてもうれしい気持ちでいっぱいです。大変お世話になりました。

＊＊＊＊＊＊

ANAでは、画一的なサービスを実践するだけでなく、マニュアルを超えたサービスを自由な発想で行っていくことを推奨しています。

お客様に歓んでいただきたい、という想いから生まれたものであるなら、個人の判断で臨機応変に対応してよい。

マニュアルから外れることは、たとえすばらしいことであっても、勧められることではない、そういう会社も多いでしょう。

もちろん、それぞれの考え方があり、真があります。

しかし、想いはあなた次第です。


小さなことへのこだわり。

そして常に最高を目指すための工夫。

そんな遊び心と小さな勇気が、仕事を楽しくするきっかけになるのです。

楽しむことは最高の次元といわれています。


「これを知る者はこれを好む者に如《し》かず、これを好む者はこれを楽しむ者に如《し》かず」

こう論語にもあるように、一生懸命であるだけでなく、仕事を楽しむ境地で何事もなせば、その姿は人の心を動かすことができます。

仕事を楽しみ、人生を楽しみ、いきいきと生きていけたら最高です。

Story 19

大阪→羽田便

見えなくなるまで

搭乗口で出発便を待っていたときのことです。その日はかなり早めに空港に着いたので、搭乗口でのんびりと飛行機を眺めながら時間を潰していました。

私たちが利用すると思われる飛行機がスポット（駐機するための定められた場所）に入ってきて、徐々に利用者が降りてくる様子をなんとなく眺めていました。

ほとんどの乗客が降りてきたかな、と思った時でした。

最後と思われるお客様とＣＡさんが楽しげにお話ししながら歩いてきたのです。ＣＡさんは通常、機内までのお見送りだと思っていましたので、不思議な感じがし、それとなく見ていると、

「お客様、大変お待たせいたしました。本日はご搭乗いただきましてありがとうございました。またお会いできるのを楽しみにしております」

と、ＣＡさんがにこやかに挨拶し、頭を深々と下げてお辞儀しました。

そのお客様は「どうも」と軽く会釈しながら、歩いていきました。

ＣＡさんが、搭乗口までお見送りすることにも驚きましたが、何より凄いと思ったのが、そのＣＡさんがいつまでも頭を上げないことでした。深々としたお辞儀は下で

止まったまま。見送られている方は振り向くこともなく、そのまま角を曲がっていきました。

その姿がすっかり見えなくなってようやくその方は頭を上げました。その姿があまりにも優雅だったため、強く印象に残っています。

彼女の姿に見入っている人は私だけではありませんでした。出発を待つ多くの乗客たちが見入っていました。

こんなサービスの徹底した飛行機に早く乗りたいな。そんな楽しみな気分にさせてくれたワンシーンでした。

＊＊＊＊＊

この方がご覧になったのは、最後までなかなか降機できず、お待たせしてしまったお客様に、申し訳ないという気持ちから始まったお見送りのサービスです。

その方だけでなく、次の出発のお客様までもが気づいてくださっていたとは、逆に心から感謝の念を申しあげたいです。

サービスの良し悪しは、自分が受けたものだけでなく、ほかの人が受けているサービスを見ることで感じることもあります。

「あんなサービスを受けてみたい、今度行ってみよう」

そう、思ったことはありませんか?

これは人と人との関係も同じです。

「こんな風に大事に接してくれる人とお付き合いしたいな」

そう、思いますよね。

茶人でもあった井伊直弼《いいなおすけ》の言葉に「独座観念《どくざかんねん》」というものがあります。

茶席が終わり、主・客人ともに名残を惜しむ別れの挨拶を済ませたら、主人は客人の姿が見えなくなるまで静かに見送ること。客人が帰ったからといってすぐ中に入り、戸を閉め、片付けを急ぐことをしてはならない。心静かに茶席に戻り、残った湯でお茶を一服点て、客人に思いを馳せること、という意味です。

今までご一緒だった方に想いを馳せることで、見えていなかったものが見えたり、わからなかったことに気づいたり、ご一緒している時よりも、充実した時間を過ごすことになるかもしれません。

お見送りをする際、すぐその場を立ち去ってはいないでしょうか。もしそうならば、ほんの少しだけ、時間を止めて、お相手に体と心を残してほしいのです。

お相手と過ごした時間を大切に思う。

スピードが求められる時代だからこそなおさら、私たちには、こんな心の余裕が、時間を止める工夫が必要なのではないではないでしょうか。

Story20

「大丈夫です」

羽田→宮崎便

会社の仲間たちと宮崎へゴルフに向かった時のことです。

早目に空港へ着いた私たちは、朝からビールで乾杯した後、飛行機に乗り込みました。

離陸して、ちょうど富士山がきれいに見えた頃だったと思います。

突然、仲間の一人が通路で倒れてしまいました。

けいれんを起こしています。

あまりに突然だったため、驚いてあたふたしていると、すぐ後ろのギャレイにいたCAさんが気づいてくれ、

「てんかんのようです」

と言いながら素早く、彼の首回りの衣服をゆるめ、仰向けに寝かせ、首の下に毛布で作った枕を入れました。そして、頭を少し反り返らせ、安定させました。

その間も友人は体を震わせながら倒れています。

私が「大丈夫か」と彼の体を揺らそうとすると、

「揺らさないでください。動かしてはいけません。安静第一です」と止められました。

そして、

「落ち着いてください。大丈夫です」

と冷静に、私の目を見て言ってくださいました。

この「大丈夫です」というひと言が頼もしく、パニックになっていた私、そして仲間たちは、少し冷静さを取り戻すことができました。

ＣＡさんがこうして処置をしてくださっている間に、他のＣＡさんが
「急病人が発生しました。恐れ入りますが、お医者様、医療関係の方いらっしゃいますでしょうか」と呼び出しをしてくれていました。

間もなく、一人のお医者さんが名乗り出て、処置をしてくれました。

数分後、友人の体の揺れが収まりました。

容態が落ち着いたのです。ようやく一同、ほっと一息ついたのでした。

この時のＣＡさんたちの冷静沈着な行動には、本当に頭が下がりました。

あとから聞いたのですが、対応してくださったＣＡの方は、救急看護士の資格をおもちでした。さらに、多くのＣＡさんが自主的にこのような事態に備えて、習得して

いることを知り、驚きました。今回は本当にお世話になりました。

＊＊＊＊＊

通常、ＣＡの業務というと、サービス要員としての部分が目立ちますが、本来は、いざという時の保安要員です。

緊急事態に陥れば衝撃防止姿勢（頭を両膝の間に入れ込むなど、非常時に衝撃から身を守るために取る姿勢）を指導しますし、脱出の際は、相当大きな声で、「ベルトを外してこっちへ。荷物を置いて！」と誘導、命令しなくてはなりません。

急病人が出たら、まずは私たちが対応します。時には命に関わる症状の方もいらっしゃいます。そのため、必要な知識は身につけておかなくてはなりませんし、臨機応変に動くことが求められます。

私たちが学ぶことで、少しでもお役に立てるのなら、できる限りのことがしたい。

大切にしている想い、譲れない気持ちがあるから、頑張れるのです。

Story21

グアム→成田便

メンテナンス

グアム便だけあって、新婚さんが多いフライトでした。

お食事以外はずーっと手をつないだままのカップルや寄り添ったままのカップル。

ただただ見詰め合っているカップルもいます。

見ている私たちも思わず、目を細めてしまうほどの熱々ぶりに、キャビン内の温度もいつもより高いようです。


そんな中、沈黙しているカップルが一組いらっしゃいました。

なんだか喧嘩しているようにも見えます。

お互い、目を合わせず、おしゃべりもせず、表情も曇っています。そのお席の周りだけ、暗い感じが漂っていました。

お食事のサービスが終わり、キャビンパトロールをしていると、沈黙していたカップルのもめているような会話が聞こえてきました。

どうやらご主人が、明日までお休みだったはずなのに、急遽、仕事の関係で出勤となってしまったとのこと。さらにグアム滞在中も仕事関係の電話が多く、落ち着かなかったことで、奥様に不満が溜まってしまったようです。

「仕方ないだろ、仕事なんだから。わかってほしい」、「ご主人はちょっとイライラぎみ。

「新婚旅行中からこれでは、今後が思いやられるわ」、奥様も負けていません。

そしてお互いプイと反対方向を向いてしまいました。

そのまま放っておいても、時間が経てば仲直りするのでしょう。夫婦喧嘩は犬も食わないといいます。でもせっかくの新婚旅行。やはり素敵な想い出の残る旅行にしていただきたい、お二人とも笑顔で降りていただきたい、そう思って何かできないだろうか、考えました。

成田到着まで、残り1時間半。

時間はあまりありません。

そこで、少しおせっかいのようですが、声をかけてみることにしました。

「失礼いたします。申し訳ありません、実は先ほどのお二人のお話が聞こえてしまいまして。もしよろしかったら、少しお話させていただいてもよろしいでしょうか」

お二人とも幸い、頷いてくださいました。

「私の結婚パーティーで、上司がお祝いの言葉としてお話しくださったことなのですが、今でも主人と喧嘩しそうになると思い出すお話があるんです。

まず、飛行機をイメージしていただけますか。大空を飛び回っている飛行機。これは、ご主人様です。

外に出て飛び回っていると、ダメージを受けてくることも少なくありません。目に見えるような大きな傷を作ってしまうことも、目には見えない心の傷を負うこともあるでしょう。こうした大小の傷を抱え、家に戻ってきます。

ちょうど、飛行機が飛び回って、整備工場に戻ってくるように。

飛行を終え帰ってきた飛行機は、整備士たちにしっかりメンテナンスしてもらって、また元気に飛べるようになります。

今、私たちがこうして無事に飛んでいられるのも整備士たちのおかげなのです。

整備場は家庭です。そして、奥様は整備士です。

夫が傷ついて帰ってきたら、心から癒してあげる。目に見える傷も見えない傷も、そっと治してあげるのです。奥様によって心も体もメンテナンスされるからこそ、翌日、また大空に羽ばたくことができるのですから。

夫のメンテナンスができるのは奥様、あなただけ。

おつらいことも、思い通りにならないこともあるでしょう。飛行機がちょっとした乱気流に巻き込まれ、揺れるのと同じです。でもいつかは揺れが収まり、安定飛行に戻ります。

心が不安定になってしまうと、さらに揺れは大きくなってしまうので、ドーンと構えて揺れが自然に収まるのをゆったり待つくらいがいいですね」

気づくと、女性の目には涙が光っていました。その奥様の手をご主人がしっかり握りしめていました。

「おせっかいだったかもしれない。それでも声をかけてよかった」と、お二人の姿を見て、そう思ったのでした。

＊＊＊＊

ＡＮＡには〝おせっかい文化〟というものがあります。

〝おせっかい〟という言葉を聞くと、いらぬお世話、余計なお世話とマイナスのイメージが強いかもしれませんが、私たちのおせっかいは、ちょっと違います。

「このくらいでいいや」と思わない、「もっと、何かできることはないだろうか」と、ちょっと踏み込んでみること、それが〝ＡＮＡ流おせっかい〟です。

もちろん、誰かれ構わずおせっかいをしなさい、ということではありません。

放っておいてくれとサインを出している方には、いたしません。

ただ、たいていの方が声をかけられても嫌な気持ちにはならないものです。

たとえば、お飲み物のカップを回収する時。

「恐れ入ります」と言って受け取るだけ、これも間違いではないでしょう。

でも、もしかしたらそのお客様は「もう一杯飲みたいな」と思っていらっしゃるかもしれ

ません。そんなお客様の内なるお声を聴いて、

「お替わりはいかがでしょうか」

「何か他のものをお持ちいたしましょうか」

など、プラスアルファの声かけをする、ということです。

お客様に歓んでいただけるようなお声をかけるには、まず、お客様のご様子をしっかり把握してから、言葉を選び、発し、そして行動しなければなりません。

だから、私たちは常に次のことを心がけています。


常にお客様の心の声を聴く。

お客様の気持ちを察する。

ニーズを先読みして対応する。

期待以上のことをする。

歓びのサプライズを提供する。

そして、最高の歓びを一緒に創る。

これがＡＮＡのＤＮＡでもあります（私はこのことを、「青い血が流れている」と言っています）。

人と人とのつながりが希薄になりがちな現代、少しだけ相手を歓ばせるためのおせっかい、試してみませんか。

Story22

手のぬくもり

羽田→高松便

先日、高松行きの飛行機に乗った時のことです。

前日より寒気がして、体の調子がよくない状態が続いており、その日も頭痛と寒気とのどの痛みがありました。すぐにも横になりたい気持ちを抑えて、空港までどうにかやって来たものの、もはや限界。幸いにも隣の席が空いていたため、上空に着くなり、横に倒れるようにして休んでおりました。

そんな姿を見て、すぐさまCAさんが毛布で枕を作ってくださったり、

「温かいお飲み物でもお持ちいたしましょうか」

と飲み物サービスが始まる前に、温かい紅茶を持ってきてくれたりなど、気遣ってくださいました。そのあとも、

「何でもおっしゃってくださいね。すぐ参りますから」

とやさしく声をかけてくれたり、私の咳が気になったのか、飴や冷たいお水を持ってきてくれたり……。おかげで神経が休まった私は、そのうち、うとうとと眠ってしまいました。

しばらくして目を覚ますと、窓のブラインドが下ろされていて、身体には毛布をか

けていただいていました。ゆっくりと身を起こすと、気配を察したのでしょう。

「お加減はいかがですか。何かご入用なものはありませんか」

と、近くにいたCAさんが寄ってきてくださいました。

頭痛からか、首から肩がとっても痛かったので、「湿布はありませんか」と伺うと、

「あいにく機内には搭載していないのですが、私のものでよろしかったらお持ちいたします。お肌は敏感ではありませんか？」

と言って、ご自分の湿布を持ってきてくださり、肩に貼ってくださいました。さらに、「少しさすらせていただいてもよろしいでしょうか」と、肩をさすってくださったのです。

湿布とそのCAさんの手のぬくもりのおかげで、かなり楽になってきました。

「もう大丈夫です。お手を煩《わずら》わせてしまいましたね。ありがとうございます」

と、何度もお礼を言いました。

そのおやさしい心遣いに、心までも本当に癒されました。

到着するまで、一度どころか、何度も声かけをしてくださいましたし、帰り際も

「お大事に。早くよくなるといいですね。お気をつけて」と、声をかけてくださいました。


心身共に弱っていた私には大変ありがたく、心に染みました。

あの手のぬくもりは、今でもはっきり覚えています。

＊＊＊＊＊

怪我や病気を「手当て」するといいます。

その言葉の通り、手を当てるだけで、お腹の痛みが治ったり、頭痛が緩和されたりすることがあります。

泣いている子の頭を「よしよし」となでると、自然と泣きやみますし、落ち込んでいる人の肩を抱いてあげるだけで、元気を取り戻したりもします。

触れ合うことによって、その人の心、相手を心配するやさしい気持ちや「早く治ってほしい。元気になって」と、願う気持ちが伝わるのでしょう。

反対に「面倒だな。早く終わらせたい」と、気持ちを込めないで触れている時も、相手にはわかってしまいます。

それだけ、手のぬくもりには、不思議な力が宿っているのだと思います。

伝えたい想いや気持ちがあるのに、なかなか伝えられない時は、大切な人の肩に、そっと手を触れてみてはいかがでしょうか。

Story23

操縦室にて
機長のこだわり

「皆様、本日はANA〇便△△行をご利用くださいましてありがとうございます。当便の機長の〇〇でございます。ベルト着用サインは消えましたが、飛行中は揺れることもございます。ご用のない方はそのままベルトをお締めください。どうぞ快適な空の旅をお楽しみください」

飛行機に乗られた方は、耳にされたことがあるでしょう。

多くの飛行機で、離陸して安定飛行に入ると、機長がお客様に向かってアナウンスを行います。

そのスタイルは実に様々。

七夕には「皆様の願いが叶いますように」、クリスマスには「最高のプレゼントが届きますように」、年末には「よいお年をお迎えください」などと、季節を感じさせてくれる言葉を入れた人情味あふれる名アナウンスで、お客様をほろっとさせる方もいらっしゃいます。

修学旅行生や団体客が搭乗した際には学校名や団体名を呼びかけたり、甲子園などのスポーツ大会決勝日と重なった日は結果報告をしてくれたりと、サービス精神旺盛な機長もいらっしゃいます。
「機長さんのアナウンスを楽しみにしているんです」というお話を、お客様から伺うことも少なくありません。

ＡＮＡでは、お客様へのＣＳ活動の一環としてアナウンスを推奨していますが、アナウンスの有無は個人に任せています。
そのため、アナウンスがとても短い方もいれば、めったになさらない方もいらっしゃいますし、英語ではユーモアを効かせて、「本日のフライトはスター・ツアーズほど揺れませんので、ご安心を」などとアナウンスしても、日本語はあくまでもノーマル。特別なことはいっさい言わないなんて方もいます。

以前、この機長に、「〇〇機長、どうしていつも淡々としたアナウンスをなさるのですか？」と、伺ったことがあります。

すると、「機長の声に慣れさせるため、驚かせないようにするためのアナウンスだから」との返事でした。

機長の本来の使命は、安全に、定刻に快適なフライトでお客様を目的地まで届けること。

だから、操縦に集中したい。

しかし、万が一、緊急事態に陥らないとも限らない。緊急脱出することになったら、「脱出」と機長が指示を出すことになるため、お客様にはあらかじめ機長の声を知っておいてもらったほうがよい。

緊急事態ともなると、人は皆、冷静ではいられない。そこに聞き慣れない声、それもCAの声、つまり女性の声ばかり聞いて過ごしていたところに、男性の声が突然流れてくると、余計にただごとではないと慌ててしまいかねない。

でも、一度でも耳にしていれば、「機長の声だ」とわかってもらえる。そのためにアナウンスしているのだと。

「なるほど」と思いました。

自身の役割を見極めたうえで、どう動くかを自分で考え決めている。「機長のこだわり」はお客様の命をいちばん大事に思っているからこその、こだわりだったのです。

こういう想いをもった人によって、飛行機は今日も世界中の空を飛び回っているのです。

＊＊＊＊＊

「桜の花びらがあなたの杯に舞い落ちますように」などと、ロマンチックなアナウンスをすることで、お客様に気持ちよく過ごしていただきたい、というのも、サービス精神が少ない無骨なアナウンスだけれど、何かあった時の布石をしておくのも、皆、お客様への想いがあるからこそ。

そんな機長の想いのこもったアナウンスに、耳を傾けてみませんか。

Story24

手作りマップ

大阪→千歳便

私たち家族は旅行が好きで、毎年、国内旅行に出かけています。団体旅行ではなく、自分たちのペースで回れる個人旅行。飛行機とホテルだけ事前に予約しておいて、あとはその場で決めていくのんびり旅です。

今回は私の定年退職祝いを兼ねて、小樽、函館への家族旅行を計画しました。そこで、札幌から小樽への交通手段を調べようと、CAさんに時刻表をお願いしました。

「はい。時刻表でございますね。かしこまりました。ただ今、お持ちいたします」

と、すぐに持ってきてくれました。それどころか、

「よろしければ、お使いください」

と、メモとペンまで準備してくれました。さすがCAさんだと感心しました。もろもろ確認が終わったので、そろそろお返ししようかなと思っていると、タイミングよく、先程のCAさんに声をかけられました。

「ご旅行でいらっしゃいますか。よろしければ、こちらの時刻表にも主要空港の電車の乗継が出ていますので、お持ちください」

と、言ってANAの新しい時刻表をくださったうえに、

「小樽は初めてでいらっしゃいますか？　もしよろしかったら、お薦めのお食事処などお伝えいたしましょうか」

と、ご親切にいろいろ教えてくださいました。

旅行先の楽しみといえば、やはり食事です。でも、雑誌に載っているところは、だいたい混雑していたり、記事を読んで期待して行くとそれほどでもなかったりするため、がっかりすることも少なくありません。それで、いつも頭を悩ませていました。行ったことがある方の情報となれば信用できますし、まして旅慣れていらっしゃるCAさんの情報なら、なおさら安心です。いそいそとメモを取りました。

その流れで、定年退職をしたことや、毎年ANAを利用して旅行していることなどもお話しさせていただき、楽しいひと時を過ごしました。


それから少し経ったでしょうか。

「よろしければ、どうぞこちらをお持ちください」

なんと、CAさんが手書きの小樽の地図を持ってきてくださったのです。

お薦めの観光名所、食事処の住所や電話番号、そしてお薦めメニューまで書いてあります。

地図の空きスペースには、私たち家族5人の似顔絵がにっこり笑っていました。その横には、「長い間お疲れ様でございました。よいご旅行を」と、ひと言が添えられています。

「ありがとう」

なんだか肩の荷がふっと軽くなった気がしました。

そして、次の旅行もやっぱりANAで行こうと心に決めました。

＊＊＊＊＊

茶の湯の目的は、お客様に一服のお茶を点てて、「おいしかった」と感じていただくこと、これに尽きると思います。

季節感を感じさせる茶道具の取り合わせや料理、床に活ける茶花など、お客様に想いを馳

長い間
20XX. 3. 5
おつかれさまでした

せながら万全の準備をし、お茶を点てる。
「結構なお手前で」「もう一服いただきたい」と、お相手が、喜んでくださるのがなにより
の喜びです。

地図をお渡しした時のお客様の笑顔は、今も心に残っています。
それまでは、どことなく淋しげなお顔をされていました。家族旅行で楽しいはずなのに、
時折心もとない表情をされているのが、ずっと気になっていました。今思えば、定年を迎え、
これからの人生に対するご不安などを抱えていらしたのかもしれません。
それだけに、お客様が心からうれしそうに微笑んでくださったことが、私にはとてもうれ
しかったのです。

人を歓ばせるには、相手を想い、その場、その時に合わせたおもてなしの工夫や知恵が必
要となってきます。
そして、心を込めることも忘れてはいけません。惜しみなく心を込めましょう。
相手を歓ばせようとして込めた心は、いつか自然と自分に返ってくるものです。

Story25

ブリーニー

成田→ロンドン便

ロンドン便のファーストクラスに乗務した時の出来事です。

カナッペと共に食前酒をサービスした後、前菜として、キンキンに冷えたウォッカとキャビアをお持ちしました。

キャビアの召し上がり方は人それぞれですので、どういった食べ方がお好みか、伺いながらサービスさせていただきます。

ある外国の男性のお客様が、ブリーニー（パンケーキの小さな薄型のもの。ロシアのパンケーキの一種）とゆで卵の白身、オニオンのみじん切り、レモンを所望されました。

お持ちするなり、ブリーニーにキャビアを載せておいしそうに召し上がってくださっていたのですが、10分も経たないうちに、なんと、蕁麻疹《じんましん》と吐き気、頭痛を催してしまったのです。

大変おつらそうで、とうとう嘔吐してしまいました。

いったい原因は何だろう。あれこれ考えたのですが、さっぱりわかりません。

ただただお客様が楽になるまで背中をさすり、お声かけするしかできませんでした。

しばらくしてその方が落ち着かれたため、改めてお話を伺うと、なんとそばアレルギーをおもちとのこと。

顧客情報にはそのような記載はありません。どうやら地上で申告なさらなかったようなのです。そば系のものが出された時は、自分で判断し口をつけないからとおっしゃいます。

でもこれで、ようやく原因がわかりました。

実はこのブリーニー、原料がそば粉や小麦粉なのです。

お客様はそのことを知らなかったために、召し上がってしまったのでした。

さらに1時間程経ったでしょうか。

お客様の具合は随分よくなったようでした。気分も楽になったのでしょう。私たちに、「迷惑をかけてしまったね」と、大変恐縮なさりながら言葉をかけてくださいました。

その後はすっかり体調も回復なさり、空の旅を楽しんでくださっているようでしたので、私たちもほっと胸をなでおろしたのでした。

それから、1か月後のことです。

同じロンドン便にその方が再び、搭乗なさいました。

お客様との再会はとってもうれしいものです。お客様も覚えていてくださったようで、目で合図をしてくださいました。

お客様からのご要望リストには、また何も書いてありませんでした。ですが、私どものお客様情報には、しっかり「そばアレルギーあり」と記載されています。引き継ぎもしていますので、ブリーニーをお出しすることは、もう二度とありません。

その日、私はブリーニーの代わりに、フランスパンを薄く切ったもの、トーストを小さく切ったものをクラッカー風にアレンジして、その方にお持ちしました。

「よく覚えてくれていたね。ありがとう」

お客様はニコッと微笑むと、ウォッカと一緒にトーストとキャビアをおいしそうに

召し上がり、

「いやー、前回はそば粉が入っているのにうっかり食べてしまって、大変な思いをしたよ。ホント、迷惑をかけてしまったね。今日はおかげでおいしくいただいているよ」

と歓んでくださいました。

「お客様が申告なさらなくても、こちらでもう把握いたしましたので、これからも安心してお乗りくださいませ」

とお伝えすると、さらにうれしそうな笑顔になりました。

当たり前の気遣いと、ちょっとした工夫がお客様の心に届いた瞬間でした。

＊＊＊＊＊

一度会っただけの人が自分の名前を憶えてくれていて、「○○さん」と話しかけてくれたらどんな気持ちがするでしょうか。

やはりうれしいですよね。

「髪の毛お切りになったのですね。お似合いです」

「お風邪治ったんですね。よかったです」

などと声をかけてもらえたらどうでしょうか。

自分を憶えていてくれる、自分の好みや以前話したことまでも、となると、感激してしまうことでしょう。

では、逆のパターンはいかがでしょうか。

声をかけたら、相手が自分のことを憶えていなかった。そんな時、どう思うでしょうか。

仕方のないこととはいえ、やはりさみしいですよね。少し不愉快になってしまうかもしれません。

「お店やホテルなどで、どんなことをしてもらえるとうれしいですか?」と聞くと、「自分のことを憶えていてくれること」という答えが多く上がります。

「いらっしゃいませ、○○様」

「お久しぶりです、○○様」

「○○様が苦手なニンジンをホウレンソウに交換させていただきました」

こんな声をかけていただけるだけで、その場を気持ちよく過ごすことができます。

それが顔なじみのお店の方だけでなく、ほとんど接点のない方から同じような対応をしていただけたら、なおさらでしょう。


お客様の意向をしっかり把握してこそ、最高のサービスができます。

フライト前後には、毎回ブリーフィングといって報告や連絡をする時間があります。この場で、様々な引き継ぎも行われます。

昨今はアレルギーをおもちの方も少なくありませんので、お食事やお飲物をサービスさせていただく者として、お客様の情報を把握し、管理していくことでミスや事故を防ぐことにつながるため、今回のようなことも必ず申し伝えます。

自分自身が憶えておくことも大切ですが、仲間にしっかり引き継ぐのも重要な要素なのです。

よいことも、悪いことも共有し合うこと。

それで初めて、チームで動くことができます。

ANAでは、クルーだけでなく、客室部、会社全体として次へのサービス向上に向けて共有し合うことで、お客様により歓んでいただく環境を作り出しているのです。

Story26

結婚の挨拶

羽田→函館便

機内で、姿勢を正したまま、かなり緊張している一人の青年を見かけました。スーツをビシッと決めて、ネクタイもきっちり結び、両手はグッと握られています。肩に力が入っていると、すぐにわかりました。

飛行機が苦手な方がよくそうなさいますので、何かあってはと、様子を窺《うかが》っていました。

恐怖心からリラックスできなかったり、閉所恐怖症の方だったりすると、その緊張から体がこわばり、時に具合が悪くなってしまうこともあるからです。

「お客様、大丈夫ですか。あと30分で函館に到着いたします。出張でいらっしゃいますか」

と言葉をかけたのですが、「あ。はい」との返事のみ。

不安になり、表情を窺ったのですが、脂汗をかいているわけでもなければ、体調が悪そうにも見えません。どうやらただ単に、緊張しているようです。

ふと足元を見ると、前の座席の下にしっかりと包装されたお酒の箱のような物が置いてありました。どなたかへのお土産のようにも見えます。そこで、

「これから大事な商談でもあるのですか」

と、もう一歩踏み込んで伺ってみました。すると、

「はい。いいえ、いや、そうなんです。実は、これから彼女のご両親に結婚の挨拶に行くところで、そのお土産なんです。今日初めてご両親にお会いするんで、緊張と不安でいっぱいで……」

「まあ、それはおめでとうございます。素敵ですね。きっと大丈夫ですよ。自信をもってください。自信がないように見えると、相手のご両親も不安になってしまいますから、この人なら娘を託せると思ってもらえるようにしっかりと振る舞ってくださいね」

と言うと、こわばったままの顔に笑みを浮かべながら、頷いてくださいました。

その表情に、少し不安を覚えた私は、

「もしよろしかったら、感じがよいと思っていただけるコツをお伝えいたしましょうか」とお勧めしてみました。

「あ、はい。お願いします」

というわけで、即席のレッスンが始まりました。

「信頼していただけるよう、誠実さをアピールすることを忘れないでくださいね。あとは、自分のことばかり話すのではなく、ご両親のお話を熱心に傾聴することに集中しましょう」

など、まずは姿勢から、そして表情、話し方……、今回の大事な旅でお役立ていただけるようなことを、思いつく限り、熱っぽくお話しさせていただきました。

周りが空席ばかりだったので、お客様も一生懸命練習されていました。そして最後には、

「おかげ様でだいぶ緊張が解けました。レッスンを受けて自信もつきました。ありがとうございます。このままの自分をぶつけてみます」

と、力強いお言葉をいただきました。

この時の笑顔、そして話し方は、先ほどまでと打って変わって魅力的になっていました。

私もうれしくなり、自然と笑顔になっていました。

お客様が降りられる際、

「お幸せに！　頑張ってください！」

「あなたなら大丈夫」

など、ＣＡ数人で応援メッセージを書いた絵葉書をお渡ししました。

未来のお父様の好物のお酒を大事そうにしっかり抱えながら、「お守りにします！」

と絵葉書をうれしそうに受け取り、降りていかれたお客様の背中に、私どもＣＡも心の底からエールを送ったのでした。

＊＊＊＊＊

一生に一度の結婚の申し込みを控えて飛行機に乗られたお客様が、その後どうなったのかはわかりませんが、きっとうまくいったのではないか、と思っています。

飛行機にはこのように、様々な理由で、様々な想いを抱え、多くの方が搭乗されてきます。

まさに十人十色。

ジャンボ機ともなると、五〇〇人五〇〇色までなります。

その道中をご一緒させていただく者として、そして、見送らせていただく者として、機内で元気や勇気を取り戻したり笑顔になっていただくためには、どんなサービスがよいのか、常に考えています。


「サービスは人格だ」という言葉があります。

人の心を動かすサービスをするには、テクニックだけではできません。常に人格を磨き、お客様の心のサポートができるような、そんな人になっていなければなりません。


心は心で磨かれます。

心は心で温かくなります。

心が温かくなるサービスをご提供していきたい。私たちはそんな想いを胸に、空を飛んでいます。

Story27

イブのプレゼント

ワシントン→成田便

その日はクリスマスイブでした。

ワシントンステイで、にぎやかなクリスマスムードを充分味わっての復路、成田へ戻る便。

キャビンは満席、クリスマスプレゼントのせいか、いつもより少し、機内に持ち込まれる手荷物が多いようです。

誰もが日本で迎えるクリスマスイブを心待ちにしているような、そんなウキウキした感じが伝わってきます。


その穏やかな雰囲気のキャビンに、足元を少しふらつかせた外国の方がお一人、陽気に「こんにちは」と流暢な日本語を話しながら搭乗されてきました。

「お足元、お気をつけくださいませ。体調は大丈夫ですか」と声をおかけすると、「大丈夫。大丈夫」と言って、彼は前から2番目の通路側の席に座られました。

お酒をお召しになっていることは、一目瞭然です。

保安上、泥酔のお客様が地上で発見された時は、お降りいただくこともあるため、

ビジネスクラスのパーサー（総括者）として乗務していた私は、慎重にそのお客様の様子を見ていたのですが、しっかり受け答えもできていますし、どうやらそれほど酔っていらっしゃるわけではないようです。そして席に着くや否や、眠ってしまったので、お目覚めになる頃には酔いも覚《さ》めるだろうと判断し、離陸準備に入りました。

国際線のフライトは、安定飛行になると、食前酒のサービスを始めます。ビジネスクラスでは、お一人お一人、オーダーを伺って、お飲み物をお持ちいたします。

一通り食前酒のサービスが終わり、お替わりのサービスをしている時でした。先程の酔っていらしたお客様がお目覚めになり、ドライマティーニをオーダーなさいました。

口調はしっかりしています。目も据わっていません。一眠りして、すっきりなさったのでしょう。

「はい。かしこまりました」とお持ちすると、おいしそうに召し上がりました。

そして、続けざまに三杯お替わりをなさったので、上空では気圧の関係でアルコールが回りやすいことをお伝えして、少しずつ薄めに作ってお持ちしました。

いよいよお食事です。

まずは前菜のプレート。ご一緒にワインもお勧めします。

その方は、白ワインを所望された後、メイン料理の際は、お肉に合わせて赤ワインを召し上がりました。少しアルコール量が多いかなと思いましたが、静かにお食事を楽しんでいるようでしたので、安心していました。

お食事が終わり、デザートタイムになると、その方が食後酒にブランデーをオーダーされました。

「かなりお酒がお強いのだわ」と思いましたが、やはり飲み過ぎでしたので、グラスに少な目に注ぎ、お水と一緒にお持ちすると、お隣にお座りの日本人のビジネスマンの方と楽しそうに会話をされながら、チョコレートやドライフルーツと共に、おいしそうに召し上がっていました。

ところが、しばらくしてその方のお席を見てみると、お二人の会話が喧嘩口調になっていました。どうやらすっかり酔ってしまった外国人のお客様に、日本人のお客様がからまれ、はじめのうちは適当にあしらっていたものの、あまりのしつこさにお怒りになってしまったようです。

日本語対日本語で口喧嘩をしていたかと思えば、日本語対英語になったり、英語対英語になったり……。口調もどんどん荒くなっていきます。

周りのお客様もその様子に気づき、固唾《かたず》をのんで見守っています。慌てて止めに入り、周囲のお客様へのお詫びも同時進行しながら、他のCAにも他のお客様のケアを依頼しました。

お二人のお席をお離しするのがいちばん望ましかったのですが、あいにく、満席だったため席の移動は叶いませんでしたので、まずは冷静になっていただこうと、お二人にとびっきり冷たい氷水とおしぼりをお持ちしました。

そして、お二人に落ち着いていただくように、それぞれの言い分を伺いました。

説得したわけではありません。

いっさいこちらからは言葉を挟まず、徹底的に聴き手に回ったのです。

キャビンの最高責任者であるチーフパーサーにはもちろん連絡しましたが、担当しているお席で起きたことは、担当者である私が最後まで責任をもって対処するのが、当然のことでした。

外国人のお客様は、言い分を伝えると、また眠ってしまわれました。

一方の日本人のお客様には、ご不快な思いをさせてしまったことを丁重にお詫びして、ご気分を切り替えていただくことができました。

周りのお客様方もほっとされているのがわかりました。

食後に始まった2本目の映画が終わろうとする頃、外国人のお客様が目を覚まされましたので、すぐにキンキンに冷えたおしぼりを用意し、お持ちしました。

お客様は「ありがとう」といって顔を拭くと、先程とは別人のような態度で、

「ごめんなさい。先程は失礼しました。言い過ぎました」

と、お隣の方に謝ったのです。

お隣の方も寛容に振る舞ってくださいました。

その後は、「いったいあの悪夢は何だったのだろう」と思うくらい、何事もなかったかのような穏やかな時間が流れ、無事に成田に着きました。


お客様をお見送りしていると、たくさんの方が、

「お疲れ様」

「なかなかいい仲裁役だったよ」

と、お叱りの言葉ではなく、ねぎらいの声をかけてくださいました。

ご迷惑をおかけしてしまったのに、

「いつ助け舟を出そうか、考えていたんだ」

「よくやったね」

「君の姿に感動したよ」

と、やさしい言葉のオンパレード。

お客様からいただいたたくさんの温かい言葉とほっとした安堵感、そしてお客様に支えていただいているのだという感謝の想いから、涙がこぼれてしまいました。

＊＊＊＊＊＊

機内は、皆さんに安心してくつろいで過ごしていただくところです。

もし機内で何かしらトラブルが起きてしまった時は、お客様が飛行機をお降りになるまでに挽回することが求められます。そして、そのチャンスは必ずあります。

お客様が目的地に着いて降機なさる際に、「今日はいいフライトだったね。なんだか、いいことありそう」などと思っていただけるようにする。それが、私たち乗務員の役目であり、使命なのです。

今回は、他のお客様にご迷惑をおかけしてしまうという、あってはならないトラブルが起きてしまいました。

正直、もっと上手な対処法があったのではないか、と自省しています。

しかし、最後には、当事者のお客様をはじめ、皆さんが笑顔で降機してくださいました。

それだけでなく、ねぎらいの言葉までかけてくださいました。

様々な意味で、学びがあり、印象深いフライトでした。

お客様からの言葉の花束は、最高のクリスマスプレゼントとなりました。

「メリークリスマス」

Story28

大阪にて

上司からの手紙

——上司からの手紙

「ご子息におかれましては、14名の同僚と1年以上に亘る試験、訓練を無事終了し、4月1日より晴れて一等航空運航整備士としてデビューすることとなりました。

同封した写真は、整備士として一番機を出した時の勇姿です。

記念すべき第一歩をお見せできないのが残念ですが、せめて写真でもと思い、送付させていただきました。

本人たちに承諾を得ると、きっと断られるでしょうから、私の独断で送付させていただいていますことをお許しください。

弊社において、ライン整備部門の開設は、数年来の準備を重ねて実現できた念願の部署であり、今後の弊社の発展に大きな影響力を与え、将来的には全国に展開を行っていく予定の重要な部署でもあります。そのような部署のパイオニアとして彼らがデビューしたのですが、整備士としてこれからまだまだ勉強や試験は続き、本当に一人前になるのは何年も先のことになります。

しかし、彼らが夢をもち自分で選んだ道でしょうから、その可能性を最大限に引き出し、ＡＮＡの整備を担う立派な整備士に育てていきたいと思います。

どんな社会においても常に順風満帆というわけにはいきません。きっとつらい時もやってくると思います。仕事のやりがいや辛抱強さがなければ、困難を乗り越えることはできません。そんな厳しさも伝えながら一緒に開拓していきます。

大阪にお越しの際はぜひ彼らのたくましい姿をご覧になり、事務所へもお気軽に足をお運びください。」

——家族から上司への返信
「突然のお手紙に『何事？』と不安で封を切りました。

涙が出て止まりません。只々感謝申しあげます。

入社してから帰ってくることも少なく、電話しても、『あー、うー』と、多くを語るでもなく、いったいどんな会社なのか、どのような方が周りにいらっしゃるのか、また、仕事がちゃんとできているのか、案じるのみでした。

写真、そして心のこもったお手紙を読ませていただき、うれしさでいっぱいです。

このような上司の方の許で仕事をさせていただいている息子は、きっと何かをつかんで成長してくれることと信じます。

どうぞよろしくご指導くださいますよう、お願い申しあげます。」

＊＊＊＊＊

この手紙は、ＡＮＡの関連会社、ＡＮＡテクノアビエーション㈱のリーダーが、無事に国家試験に合格し、一等航空運航整備士としてデビューすることになった部下のご両親へ向けて書いたものです。

日々、部下をしっかり観察し、心を配っているからこそ、書くことができたこの手紙には、上司の思いやりがあふれています。

合格の歓びは、本人だけではない。

彼らのことをいちばん心配しているご両親へ、その報告と共に成長した姿を届けてはどうだろうか——。

部下を大事に思い、接しているからこその行動だったのだと思います。

素敵ですよね。

「こんな上司が欲しいな」「こんな人がいてくれたら、頑張れるのに」と思った人もいるのではないでしょうか？


最近、上司、同僚、後輩など、人間関係が希薄になり、周囲とどのようにコミュニケーションをとったらよいのか、わからないという方が増えてきています。また、会社でなくても、地域や学校、パート先などで、同じような悩みを抱えている方もいるかもしれません。

そのような時、「こんな人がいてくれたら、頑張れるのに」と誰かに期待するのではなく、その「こんな人」にあなたがなれば、何かが変わるはずです。

与えられるのを待つのではなく、まずは、あなたから行動してみるのはいかがでしょうか。

整備士は、縁の下の力持ち。

チームで助け合い、支え合って、業務を行っています。

命を預かる現場のため、少しのミスも許されません。

「しっかりしろ!」などと、厳しい檄《げき》が飛ぶこともあります。

でもその一方で「よく頑張っているな」「いつも早く来ているな」と、ねぎらいの言葉をかけてくれる、いつも見ていてくれる、期待してくれる上司や先輩がいてくれるので、厳しい仕事ですが、日々チームで、お互いを思い合いながら、安全を支えています。

まさに「師」のいる職場です。

さらに、その風土が代々踏襲され、文化を築いています。

「自分を見てくれていた、支えてくれていた、リーダーたちのように僕も頑張ろう」と自然に考えられるため、その文化が引き継がれているのです。

そんな彼らが、「僕たちが整備した安全な機体です。よいフライトを」と送り出してくれる飛行機だからこそ、私たちは安心して、お客様に乗っていただけるのです。

ANA

Story29

忘れられない笑顔

那覇→羽田便

後輩にとても笑顔のきれいな子がいました。

愛らしい目元、口角はいつもきゅっと上がっていて、彼女の笑顔はそばにいる人を和ませてくれます。

沖縄に一泊して羽田に帰るフライトでのことです。

羽田に到着し、お客様が降機なさるのをお見送りしている際、

「あなたの笑顔、とびっきり素敵だったわ」

と、その後輩に一人の女性のお客様が声をかけてくださいました。

飛行機という密室の空間だからなのでしょうか。ＣＡの表情や立ち振る舞いを受け止め、コメントをくださるお客様は少なくありません。

「ありがとうございます。素敵な一日をお過ごしくださいませ」

後輩はうれしそうに微笑み、お礼の言葉かけをしてお客様を見送りました。

「お客様からお褒めの言葉を頂戴していましたね。本当に今日の笑顔はとびっきり素敵だったわ」

降りるための片付けをしながら、私も感じていたことを口にしました。にこにこ顔でサービスしている彼女がとても印象的だったのです。

「ありがとうございます。うれしいです」

と微笑んだ彼女でしたが、そのあとに驚きの言葉を続けました。

「実は、今朝、父の病状が急変して、危篤との連絡がきたんです。クルーの皆さんにご迷惑はかけられないので黙っていたのですが。先輩だけには伝えようと思ったものの口にすると泣いてしまいそうで、結局、到着するまで言えなくて……。父のことを考えると、悲しい顔になってしまいそうで、今日はいつもよりもっともっと笑顔を心がけていたんです。でも……」

そこまで一気に話したとたん、とうとう堪えていた涙があふれてきてしまいました。

「そうだったの。つらかったでしょう。気がつかなくてごめんなさい」

不安定な精神状態のはずなのに、そんなことは微塵《みじん》も出さず、最高の笑顔でフライトを終えた後輩の強い精神力とプロ意識に思わず胸が熱くなりました。

涙をこらえるのがやっとだった私は、気の利いた励ましの言葉もかけられないまま、

「さあ、早くお父様のところに」と送り出すのが精いっぱいでした。

機内という舞台で立派にパフォーマンスをし終えて降機していく、彼女の後ろ姿には、凛とした力強さがありました。

＊＊＊＊＊

人にはそれぞれ「舞台」があります。

仕事場も、立派な「舞台」の一つ。

「舞台」に立った以上、その役割を演じきる、それがプロだと思います。

私たち乗務員の舞台は機内です。舞台に上がったら、最高のパフォーマンスをする。それが、私たちの使命でもあります。

プライベートなことはいっさい見せず、まして悲しいことはなおさら感じさせない。

彼女のその姿勢に、職場の仲間にも心配をかけない心意気に、強さとやさしさを感じました。

Story30

羽田→長崎便

地下室のご褒美

L1011・トライスターという飛行機があります。「エルテン」の愛称で親しまれた人気のある飛行機です。

この飛行機でOJT（見習い乗務）を受けました。

ANAでは、1か月半の地上訓練の後、試験を受けて合格した者が、一対一でインストラクターについてもらい、指導を受けながら、機上で実践トレーニングを行います。訓練バッジをつけて、実際にサービスをしながら学んでいくのです。

OJT中はインストラクターや先輩方からたくさんの指摘を受けながら育てていただきます。一字一句メモに書き留めて、コメントシートに記入し、それをまたチェックしてもらうのですが、厳しいコメントに、涙が出そうになることも少なくありません。

忘れもしないその日のフライトは、クルー全員、私が所属しているグループのメンバーでした。

私の担当は、R2ポジション（機体の右側、中ほどのキャビン）。初めてのギャレイ担当です（このエルテンは地下にメインのギャレイがあり、2基のエレベーターで行き来します)。

お飲み物をサービスする便のギャレイ担当者は、ベルト着用のサインが消えると、即座に地下のギャレイに入り、お客様の人数に合わせて大ポットで何本もの熱い紅茶、日本茶、スープなどを黙々と作るのが仕事です。このエルテンはコーヒーメーカーが初めて搭載された画期的な飛行機でしたので、コーヒーは作らなくて済んだのですが、大変な作業であることは変わりありません。

作っては、エレベーターで上階のキャビンに送る、これの繰り返し。さらに自身もキャビンに上がり、量の調整をします。

お客様の前では涼しい顔でサービスしているCAですが、お客様の見えないところでは、このように体力が必要な作業もしているのです。


上空でベルト着用のサインが消えました。

急いでギャレイに向かいます。

OJTなので、インストラクターが一緒に下り、「本日のお客様は280名ですが、お紅茶と日本茶の本数は何本ずつがいいと思いますか？　どんな客層でしたか？」などといった質問を投げかけながら、テキパキと指示を出してくれます。

しばらくすると、一人でも大丈夫だと判断したのでしょう。「では、あとはよろしくね」とキャビンへ戻ってしまいました。

一人になりました。

「ここに一人でいるのは怖い」

早々に切り上げて、一刻も早くキャビンに戻りたい――。

すべての飲み物を提供し終えると、片付けもそこそこに、客席の様子を見るべくキャビンに上がりました。

どうやらお飲み物は充分足りているようで、追加で作る必要はなさそうです。

なんとなくキャビンでうろうろしていると、先輩に「ギャレイに下りなくていいの。そろそろ片付けの時間でしょ」と告げられました。

そうなのです。

サービスが一段落すると、今度は、空になったポットが次から次へとギャレイに戻されるため、地下に下りて受け取り、ポットを洗浄して、カートにしまっていくなどの仕事があるのです。

すぐにギャレイに戻り、その日使用した10本すべてのポットを所定の位置に片付け始めました。

着陸に向けての安全チェックを素早く済ませ、上に上がろうとしたその時です。

1基のエレベーターが下りてきました。

「何かしら？　ポットはすべて下に来ているはずだし……。心配して先輩が下りてきてくださったのかしら？　あれ、人は乗っていないみたい」

不審に思って、エレベーターの扉を開けると、ピンク色のリボンのかかった小さな細長い箱が台の上に置いてあります。

そこには、メモが添えられていました。

「ＯＪＴも中盤ですね。熱意があり、これからが楽しみです。頑張ってね。応援していますよ」

などの寄せ書きがありました。「班員より」となっています。

厳しく檄を飛ばしながらも、やさしく見守ってくれていた先輩たちからの温かいメッセージでした。

包みを開くと、3色の書きやすそうな、おしゃれなボールペンが入っていました。

「重要なことを聞き漏らさないように、しっかり色分けしてメモしなさい」

そんな先輩たちからのアドバイスだと思いました。

ジーンと胸が熱くなると共に、厳しい訓練に自信をなくしかけていた時だったので、思わず大粒の涙がこぼれてしまいました。

そして、このような部下への温かい心遣いが、つまりはお客様へのサービスに反映されているのだと気づいたのでした。

「足手まといにならないように、早く実力をつけて、先輩たちみたいな一人前のCAになろう」

今でも、アジアの空港でエルテンを見掛けると、あの頃を思い出し、胸がときめきます。

＊＊＊＊

厳しさだけでは人は育ちません。

ですが、その場限りのやさしさだけでも育ちません。

両面を兼ね備えて初めて、人は「この人の言うことなら」「この人のためなら」と意識をもち、育っていくのです。

教わる側は、いろいろな想いや迷い、悩みを抱いています。それを踏まえて、指導する側は、導いていかなければなりません。

つらい時、悩んでいる時はそっと支えてあげ、ゆるんだ時は叱咤激励する——。それができるようになるには、心を温めることが必要だと、私は考えています。

実際、現在の講師業で大切にしていることの一つが、「温め育てる」です。

先輩方に教わった温かい気遣いの大切さ、そしてかけてもらった言葉たち。どれも今の私を支えてくれています。

「やって見せ、言って聞かせ、させてみて、ほめてやらねば、人は動かじ
山本五十六《やまもといそろく》元帥」

という教えがあります。

指導する者は、誰かを導くのではなく、常に自分を最高の姿へ導かなくてはならないのです。

Story31

広島→羽田便

心の扉

私は65歳で、聾者《ろうしゃ》です。

先日、10年ぶりに妹と会うために、御社を利用させていただきました。

その時に担当してくださった客室乗務員の方が、とても心やさしかったので、お礼をお伝えしたいと思い、お手紙を書かせていただきました。

地上係員の方から連絡を受けていたのでしょうか。

私が搭乗するやいなや、挨拶に来てくれた客室乗務員の方がいらっしゃいました。

笑顔で、口元をゆっくり動かしながら、手話と合わせて、「こんにちは。ご搭乗ありがとうございます。本日、担当させていただきます○○です。なんなりとお申し付けください」と、伝えてくれました。

ほっとしました。

飛行機に限らず、乗り物に乗る時はいつも緊張してしまうのですが、彼女のこの気遣いと笑顔に、思わずこちらも微笑んでしまいました。

離陸して、しばらくは眠っていたと思います。

最近、外では、目を閉じていることが多くなりました。以前は、手話やメモ書きで交流していたのですが、人と目を合わせることも、触れ合うことも億劫《おっくう》になってしまっていたのです。

なるべく人とのつながりを避けて静かに暮らす、そんな毎日を送っていました。

飲み物のサービスが一段落した頃、先程の方がわざわざお話をしに来てくれました。

きっと、私が暗い表情になっていたのでしょう。

メモ書きで到着時刻と現地の天候、現在どこを飛んでいるかなど、窓の外を指さしながら、丁寧に教えてくださいました。

私は「ありがとう」と手話で返しました。

さらに、その方が訓練生だった時の「今だから笑える失敗談」を、メモに書いて教えてくれました。

大きな字で、大変読みやすい文で書かれていたお話が、あまりにもおかしいので、お腹を抱えて、涙が出るほど笑いました。

「こんなに笑ったの、何年ぶりだろうか」

そう思いながら彼女のほうを見やると、真剣な顔になっていました。

「何か失礼をしてしまっただろうか」と不安になり、顔を覗き込むと、彼女が涙ぐんでいます。

「よかったです。元気になってくださって」とメモを渡され、はっとしました。

トントントンと音は聞こえませんが、その方に長年、堅く閉ざしていた扉をたたいてもらった気がします。

自分では開けられないでいた、心の重い扉を――。

ふと窓の外を見やると、雲海の水面が太陽の光にきらきらと輝いていました。

以前は知っていたはずの、人と触れ合う歓びや語らう楽しさが、静かに蘇ってきました。

なんだか、こちらも泣けてきました。

「すみません。ごめんなさいね。ありがとう」とメモに書いて、手を合わせながら返すと、「楽しいひと時をありがとうございます。お会いできてよかったです」と、最後のメモをいただきました。

今でも、あの時の客室乗務員さんの笑顔は心に残っています。

本当にありがとうございました。

＊＊＊＊＊

昨今、手話を学ぶことを奨励する企業が増えています。

ANAでは、手話を一定レベル習得したCAは、胸に手話バッジをつけて乗務しています。

皆様に少しでも快適に、安心してお過ごしいただきたいからです。

しかし、手話だけでお客様がくつろいでくださるわけではありません。

やはり、手話と一緒に笑顔や振る舞い、気遣いが必要です。

時として、言葉以上に表情や振る舞いは、相手の心に届きます。

たとえば、「目は口ほどにものを言う」ということわざがあるように、目でたいていのことは語れるものです。目でしか伝えられないこともあるでしょう。

たとえ、見えなくても、聞こえなくても、話せなくても、気持ちは通じますし、心は感じられるものなのです。

とくに笑顔はサービスの極意、生きることの極意、ともいわれています。

といっても、にこにこ顔で相手に接することだけではありません。

相手が笑顔になってくださって、初めて本物の笑顔といえます。

その笑顔が相手の心に届いた時、心の扉が開くのではないでしょうか。

時間が経っても心に残る笑顔を心掛けたいと思います。

どなたの、どんな笑顔が、あなたの心に残っていますか。

心の扉を開く鍵は、誰もが持っているのです。

Story32

香港→成田便

空の上の再会

通路側の席にお座りの男性のお客様が、後方を気にしていらっしゃいました。

「何かご用でございますか。どなたかお探しでしょうか」と伺うと、

「いいえ、大丈夫です。ちょっと知り合いに似ていたもので……。でも、違うみたいです。すみません」

と申し訳なさそうにおっしゃり、新聞を読み始めました。

ところが、やはり気になるようで、その後も後ろをチラチラご覧になっています。

どうやらその方の3列斜め後ろの席に座っている女性をご覧になっているようです。

「よほど似ていらっしゃるのですね」と再び声をかけてみました。

「あ、すみません。ご迷惑ですよね」

少し寂しげにおっしゃり、もうそれからは振り向くことはなくなりました。


しばらくして免税品の販売が始まると、その女性のお客様がポーチをお求めくださいました。カードでのお支払いでしたので、商品とカードをお返しする際、「〇〇様、ありがとうございます。カードをお返しいたします」と、いつもより少しだけ大き目

の声で、お礼を申しあげました。

名前はお客様にとって特別なもの。プライバシーに関わることでもありますので慎重に取り扱わなくてはなりません。それでも、あの男性のお客様にお知らせしたい気持ちがありました。そこで、ご迷惑にならないような声で、ただ祈りを込めて、お名前を呼ばせていただいたのです。

女性の名前を聞いたその瞬間、あの男性の耳がピクっと動き、耳がみるみるうちに赤くなっていきました。

緊張しているのが、後ろから見ていてもわかりました。心臓の高鳴りまで聞こえてきそうです。

男性お客様のところへ向かい、目を合わせると、「やっぱりそうです。自分が思っていた人と同じ名前です」と、うわずった声でおっしゃいました。

「差し出がましいかもしれませんが、よろしければ、確認してまいりましょうか」と伺うと、大きく深呼吸され、「申し訳ありません。お願いします。私は、〇〇中学一年の時一緒だった□□と申します。お伝えいただけますか」

と今度は、しっかりした口調でおっしゃいました。

女性に事情を話して、確認させていただくと、お二人はたしかに同級生でした。女性の方も、その男性のことを憶えていらっしゃったので、男性の元に戻り、その旨を告げると、「本当にありがとうございます」と喜ばれ、席を立って、女性の席まで向かわれました。そして、

「久しぶりだね。どうしているの？」とお互いの近況を楽しそうに話し始めました。

お二人ともお連れ様がいらっしゃいませんでしたので、よろしければと、後方にあった2列続きの空席にご案内しました。「お手数おかけします」と二人とも喜んで移動なさり、成田までの2時間あまり、話に花を咲かせていました。

成田に着いて、お降りになられる時には、よほど楽しかったのでしょう、お二人のお顔は輝いていました。

「本当にありがとうございました。CAさんが彼女の名前を呼ばれなかったら、再会

のチャンスを逃がしてしまうところでした。ありがとうございます」と、男性のお客様は何度も頭を下げてくださり、女性のお客様も「ありがとうございます」と、最後まで手を振り続けてくれました。

そのお二人の後ろ姿に、とても温かなものを感じました。

それから3か月が経ったある日、あの男性のお客様からお手紙が届きました。たいていのお手紙は、頂戴すると「ああ、あの時の」と、思い出すのですが、この方のお名前を拝見しても、思い出すことができず、さっそく封を切りました。

宛名は、キューピットであるCAさんへ、となっています。

「その節は大変お世話になりました。実は僕たち、結婚することになりました。初恋の人だったんです。ずっと大切に想っていました。あの時、CAさんが、名前を読んでくださらなかったらと思うと、不思議な感じです。本当にありがとうございました」

などと書かれていました。

「ああ、あの時の……」と思いだすと共に「こんなことってあるのかしら」と大変驚き、そしてとてもうれしくなりました。

＊＊＊＊＊

空の上での運命の再会。
なんて素敵なのでしょう。

「人間は一生のうち
逢うべき人には必ず逢える
しかも一瞬早過ぎず
一瞬遅すぎない時に
森信三」

まさに、人との出会いも、仕事の出会いも、好機があるのだと思います。
これからのお幸せを心からお祈りしております。

Story33

鹿児島↓羽田便

「いつかお姉さんみたいに」

中一の夏、東京の祖母の家に遊びに行く時に飛行機に乗りました。

小五の時から夏休みになるといつも乗っています。

大人になったら、飛行機に乗って、みんなのお世話をするキャビンアテンダントさんか、病院で患者さんのお世話をする看護師さんになりたいと思っています。

看護師さんの仕事は、風邪を引いた時などに家の近くの病院でよく見ていますが、飛行機には年に二回しか乗れないので、今日は勇気を出していろいろ聞いてみようと、「大人になったら、キャビンアテンダントさんになりたいんですが、どんなお仕事か教えてください」など、五つの質問を用意してきました。

飛行機に乗る時、なんだかいつもよりドキドキしました。

お母さんには話しておいたのですが、

「自分のことなのだから、自分で聞きなさいね」

と言われていたので、話しかけるタイミングを見つけようと観察していました。

「いつ話しかければいいんだろう。飲み物のサービスが終わってからがいいかな」

「どのお姉さんにしようかな？　やさしそうな人がいいな」

いろいろ考えていると、さらにドキドキしてきました。

しばらくすると、両親が寝てしまいました。一人で暇にしていたら、キャビンアテンダントのお姉さんが話しかけてくれました。

なのに私は、恥ずかしくなってしまい、質問を言い出せませんでした。「せっかくのチャンスなのに――」、そうわかっていても、顔を合わせることもできません。

そうこうしているうちに「間もなく羽田空港に着陸します。座席ベルトはお締めください」のアナウンスが入りました。

「あ〜、ダメだった。もう着いちゃう」

勇気のない自分にがっかりしました。

「帰りの飛行機で聞けばいいか」

と、心の中で自分に言い訳し、今日はあきらめることにしました。

飛行機が着陸して、みんなが降り始めると、

「今日はご旅行ですか？　ぐっすりお休みでいらっしゃいましたね。窓側にお座りのお嬢様ともっとお話ししたかったのですが……」

さっきのお姉さんがお母さんに話しかけました。

「ええ、祖母のところに遊びに行くんです」

「お楽しみですね」

と、母とお姉さんが楽しそうに話し始めました。

お母さんなんて、ずーっと寝ていたくせに、ズルイと思いました。すると、

「何年生ですか？　飛行機はお好きですか？」

今度は私に聞いてくれました。慌てて、

「はい。中学一年生です」

と答えながら、今なら聞けるかもと思って、急いでポケットの中にあるメモを取り出そうとしました。なのに、こんな時に限って、全然出てきません。

その様子を見て、何か感じてくれたのかもしれません。お姉さんが、

「少し機内を見学して行く？」

と、にこっと微笑みながら誘ってくれました。

「はい」

私はうれしくなりました。

他のお客さんが降りている間にギャレイの中を見せてもらいました。

そこには、たくさんのコンテナや物入れがありました。カートの中にはポットもたくさん入っていました。いろいろ見せてもらってワクワクしていると、

「さっき、ポケットの中で何を探していたの？」と聞いてくれました。私は、

「なんでわかったんですか？」

と、びっくりしました。でも、チャンスだと思って、

「実は、お姉さんに質問があるんですけど」

と勇気を出して切り出しました。今度はきちんとメモも取り出すことができました。

お姉さんは、一つひとつやさしく全部答えてくれました。

見渡すと、飛行機の中には私たち家族だけになっていました。

お姉さんは他のキャビンアテンドさんたちも呼んでくれて、

「記念に一緒に写真を撮りましょう。いかがですか」

と、勧めてくれました。

そして、驚いたことに、その方はキャビンアテンダントさんの帽子を私の頭にかぶせてくれたのです。本当にうれしかったです。


お姉さん、ありがとう。

机の上にあの時の写真を飾って、毎日見ています。

なんでポケットに何かあるって、わかったのですか？

そんなことが全部わかっちゃうお姉さんたちはやっぱりスゴイです。

人の心がわかる人がキャビンアテンダントになれるんですね。

私も周りの人の心が読めるように練習します。

それからお姉さんの後輩になれるように勉強も頑張ります。

＊＊＊＊＊

帽子をかぶった時の満面の笑みの女の子の顔は今でも覚えています。

飛行機に乗る前から準備して、搭乗してからも、いつ話しかけようかと、ずーっと緊張していたのですね。

もっと早く気づいてあげることができたらよかった。

ポケットの中を触りながら、何かモゾモゾしていたの、知っていましたよ。何か言いたいことがあるって、あなたの顔に書いてありましたから。

人の心に気づく大切さ、よく気づきましたね。

あなたならきっと素敵なキャビンアテンダントになれますよ。

あなたが大人になって、「あの時の……」なんて声をかけられたら最高です。

またお会いしましょう。

おわりに

本書を執筆するにあたり、ＣＡとして空を飛んでいた時のことを想い起こしていたところ、不思議なことに気づきました。

機内では、当然、ＣＡがお客様におもてなしをしていると思っていたのですが、実は、お客様からおもてなしをしていただいていることが少なくなかったのです。

お客様同士でもてなし合うこともしばしば。

いったい、どうしてこんなことが起こるのでしょう。


ＣＡの本来の使命は、お客様を笑顔にすることではないか、と私は考えています。

「やっぱりＡＮＡに乗ってよかった」

「またこの航空会社を利用したい」

「飛行機に乗るって楽しいな」

そう思っていただけるよう、人の心を動かせるようなおもてなしをさせていただくことを、私のミッションとしてきました。
しかし、機内での出会いで、お客様の表情や言葉かけで、笑顔にしてもらい、心を動かされていたのは、私自身でした。

人の心を動かす。
そんなに簡単なことではありません。
人の心を動かす最たるものは何でしょうか。
自然、人、ものとの感動的な出会いではないか、私はそう考えています。
感動することで人は変わるのだと。

本書で、空の上での数々の素敵な出会いをご紹介しました。
皆様も、日々、素敵な出会いをされていることでしょう。
私は現在、講師として、研修先などで最高の出会い・感動の日々を更新中です。
数日間の研修で、大きく成長した受講生の決意表明を聴いて感激し、涙が止まらなくなってしまったこともあります。

心と心が震え合い、響き合い、融合する。

そこに至らなければ、人の心は動くことはないでしょう。

たくさんのやさしさ、思いやりに触れることで、心は成長していきます。

それぞれの心温まる物語を積み重ねたら、多くの可能性が広がっていくはずです。

もしかしたら、次の心温まる物語の主人公は、あなたかもしれません。

ANAでは、「お客様と共に最高の歓びを創ること」を目指し、空の上にご案内しております。

私も、このANAの文化を継承し、「受講してくださる皆様と共に最高の歓びを創ること」をミッションとし、日々研修に臨んでいます。

いつの日か、皆様とお会いできるのを、楽しみにしております。

この本を刊行するにあたり、ＡＮＡをご利用くださったたくさんのお客様をはじめ、全日本空輸株式会社　広報室、ＣＳ推進室ＣＳ企画部、そしてＡＮＡラーニング株式会社ほか、ＡＮＡグループの方々にご協力をいただきました。心より感謝申しあげます。

また、あさ出版の佐藤和夫社長には、勇気と可能性の素晴らしさを、編集者の星野美紀さんには、鋭い感性と熱意を教えていただきました。謹んでお礼申しあげます。

最後に、この本を手に取り、読んでくださった皆様に心より感謝いたします。

あなたの周りにハートフルストーリーが満ち溢れますように。

著者紹介

三枝理枝子（さえぐさ・りえこ）

ANA元CA／ANAラーニング株式会社講師／作法家

青山学院大学文学部英米文学科卒業。ANA（全日本空輸株式会社）入社後、国内線、国際線チーフパーサーを務める。VIP（皇室、総理、国賓）フライトの乗務ほか、実機の新入客室乗務員訓練のインストラクター、業務要領プロジェクトメンバーに選ばれるなど、幅広く活躍した後、退職。

現在は、ANAラーニング株式会社の研修事業部講師として、ANAグループをはじめ、多くの一般企業や学校等で人財育成に関する研修を行っており、リピート率が最も高い講師と評価されている。

また、個人として「心温まる物語」「心をつなぐおもてなし」等をテーマにした講演活動、茶道師範として日本の伝統文化の伝承に力を注いでいる。茶道の精神に基づいた新鮮でわかりやすい礼法や食卓作法などの文化活動や、楽しく夢を実現するためのコーチングにも携わっている。

● facebook　http://www.facebook.com/saegusarieko

空《そら》の上《うえ》で本当《ほんとう》にあった心温《こころあたた》まる物語《ものがたり》　〈検印省略〉

2010年 10 月 28 日　第 1 刷発行
2011年 11 月 11 日　第 16 刷発行

著　者――三枝　理枝子（さえぐさ・りえこ）
発行者――佐藤　和夫

発行所――株式会社あさ出版

〒171-0022　東京都豊島区南池袋 2-9-9 第一池袋ホワイトビル 6F
電　話　03（3983）3225（販売）
　　　　03（3983）3227（編集）
F A X　03（3983）3226
U R L　http://www.asa21.com/
E-mail　info@asa21.com
振　替　00160-1-720619

印刷・製本（株）光邦

ISBN978-4-86063-421-6 C0030